Paul Verlaine | Im schwarzen Gras Kobolde gehn

Paul Verlaine (1844–1896) gilt als »Dichter der
Dichter«. Dieser Band bietet nicht nur einen reprä-
sentativen Ausschnitt aus seinem Werk: Spiegel-
bildlich stehen sich Originaltexte und kongeniale
Übersetzungen namhafter Poeten gegenüber.
Beteiligt sind Felix Braun, Theodor Däubler, Richard
Dehmel, Cäsar Flaischlen, Stefan George, Ernst
Hardt, Wolf von Kalkreuth, Karl Krolow, Richard
Schaukal, Georg von der Vring, Wilhelm Willige,
Alfred Wolfenstein, Stefan Zweig und andere.

János Riesz, geboren 1941, ist Professor für Roma-
nische Literaturwissenschaft und Komparatistik
an der Universität Bayreuth. Er veröffentlichte
zahlreiche Werke zur modernen französischen und
italienischen Literatur.

Paul Verlaine

Im schwarzen Gras Kobolde gehn

Gedichte

Französisch und Deutsch

Herausgegeben
und mit einem Nachwort versehen
von János Riesz

Besuchen Sie uns im Internet:
www.reclam.de

© Reclam Verlag Leipzig, 2004
Reclam Bibliothek Leipzig, Band 20073
1. Auflage, 2004
Reihengestaltung: Gabriele Burde | Kurt Blank-Markard
Umschlaggestaltung: Gabriele Burde
Gesetzt aus ITC Slimbach
Satz: Reclam Verlag Leipzig
Druck und Bindung: Reclam, Ditzingen
Printed in Germany
ISBN 3-379-20073-5

Inhalt

Poèmes Saturniens | Saturnische Gedichte

Nevermore

Souvenir, souvenir, que me veux-tu? L'automne
Faisait voler la grive à travers l'air atone,
Et le soleil dardait un rayon monotone
Sur le bois jaunissant où la bise détone.

Nous étions seul à seule et marchions en rêvant,
Elle et moi, les cheveux et la pensée au vent.
Soudain, tournant vers moi son regard émouvant :
«Quel fut ton plus beau jour ?» fit sa voix d'or vivant,

Sa voix douce et sonore, au frais timbre angélique.
Un sourire discret lui donna la réplique,
Et je baisai sa main blanche, dévotement.

– Ah ! les premières fleurs, qu'elles sont parfumées !
Et qu'il bruit avec un murmure charmant
Le premier *oui* qui sort de lèvres bien-aimées !

Lassitude

> *A batallas de amor
> campo de pluma
> (Góngora)*

De la douceur, de la douceur, de la douceur !
Calme un peu ces transports fébriles, ma charmante.
Même au fort du déduit parfois, vois-tu, l'amante
Doit avoir l'abandon paisible de la sœur.

Sois langoureuse, fais ta caresse endormante,
Bien égaux tes soupirs et ton regard berceur.
Va, l'étreinte jalouse et le spasme obsesseur
Ne valent pas un long baiser, même qui mente !

Nevermore

Was quälst du, Heimweh, mich nach alten Tagen!
In herbstlich-leerer Luft die Drosseln jagen.
Ich seh mit grauem Licht die Sonne plagen
Den gelben Wald, in dem die Stürme klagen.

Wir gingen ganz allein, vom Traum verzehrt,
Haar und Gedanken windwärts hingekehrt.
Und plötzlich hat ihr naher Blick begehrt:
»Nenn mir den Tag, der dir vor allem wert!«

Wie Gold klang ihre Stimme: Engelslaut.
Ein flüchtges Lächeln hab ich anvertraut
Als Antwort ihr, küßt still die weiße Hand. –

Wie stehn im Duft die ersten Blumen da!
Und wie ist aller Seligkeit verwandt
Aus tiefgeliebtem Mund das erste »Ja!«.

Karl Krolow

Müde

A batallas de amor
campo de pluma
(Góngora)

O leise, leise, leise! Ich erliege!
Geliebte, hemm dein fiebrisches Entzücken.
Sacht! mag uns auch die höchste Lust beglücken,
als ob sich eine Schwester an mich schmiege.

Sei ruhig, regle deine Atemzüge
und blick mich an mit deinen stillsten Blicken,
Denn schöner als das tiefste Glutverstricken
ist so ein langer Kuß, ob er auch lüge.

Mais dans ton cher cœur d'or, me dis-tu, mon enfant,
La fauve passion va sonnant l'olifant !…
Laisse-la trompetter à son aise, la gueuse !

Mets ton front sur mon front et ta main dans ma main,
Et fais-moi des serments que tu rompras demain,
Et pleurons jusqu'au jour, ô petite fougueuse !

Mon rêve familier

Je fais souvent ce rêve étrange et pénétrant
D'une femme inconnue, et que j'aime, et qui m'aime
Et qui n'est, chaque fois, ni tout à fait la même
Ni tout à fait une autre, et m'aime et me comprend.

Car elle me comprend, et mon cœur, transparent
Pour elle seule, hélas ! cesse d'être un problème
Pour elle seule, et les moiteurs de mon front blême,
Elle seule les sait rafraîchir, en pleurant.

Est-elle brune, blonde ou rousse ? – Je l'ignore.
Son nom ? Je me souviens qu'il est doux et sonore
Comme ceux des aimés que la Vie exila.

Son regard est pareil au regard des statues,
Et, pour sa voix, lointaine, et calme, et grave, elle a
L'inflexion des voix chères qui se sont tues.

Marine

L'Océan sonore
Palpite sous l'œil
De la lune en deuil
Et palpite encore,

12

Du sagst zwar, Kind, in deinem Goldherz drin
singe die Liebe ihre wilden Lieder.
Ach, laß sie singen, diese Bettlerin!

Leg Stirn an Stirn und deine Hand in meine
und schwör mir Eide (brich sie morgen wieder),
und laß uns weinen, meine liebe Kleine.

K. L. Ammer

Mein vertrauter Traum

Oft träum ich diesen Traum, deutlich und wunderbar:
Ich glaube eine unbekannte Frau zu lieben.
Nicht ganz dieselbe ist sie jedesmal geblieben,
Noch ganz verändert; doch sie liebt mich immerdar.

Denn sie versteht mich: sie allein sieht hell und klar
Mein Herz; sie löst das Rätsel, das darein geschrieben;
Nur sie hat, weinend, stets die Falten mir vertrieben,
Von denen meine bleiche Stirn verdüstert war.

Ist braun, blond oder rot ihr Haar? – Ich kanns nicht sagen.
Ihr Name? Ist von jenem süßen Klang getragen
Wie der geliebter Menschen, die uns längst entrückt.

Ihr Blick ist wie der Blick, den uns die Statuen zeigen,
Und ihre Stimme, fern und still und ernst, beglückt
Wie Schmelz der teuren Stimmen, die für immer schweigen.

Wilhelm Willige

Seestück

Das Meer, erschauernd,
Rauscht, unter dem Schimmer
Des Mondes hintrauernd,
Und bebt noch immer,

Tandis qu'un éclair
Brutal et sinistre
Fend le ciel de bistre
D'un long zigzag clair,

Et que chaque lame
En bonds convulsifs
Le long des récifs
Va, vient, luit et clame,

Et qu'au firmament,
Où l'ouragan erre,
Rugit le tonnerre
Formidablement.

Soleils couchants

Une aube affaiblie
Verse par les champs
La mélancolie
Des soleils couchants.
La mélancolie
Berce de doux chants
Mon cœur qui s'oublie
Aux soleils couchants.
Et d'étranges rêves,
Comme des soleils
Couchants sur les grèves,
Fantômes vermeils,
Défilent sans trêves,
Défilent, pareils
À des grands soleils
Couchants sur les grèves.

Dieweilen es blitzt,
Unheimlich und grell,
Den Himmel aufschlitzt,
Im Zickzack hell,

Und Welle auf Welle,
Zuckend geschnellt,
Zur Klippenschwelle
Kommt, glänzt und gellt.

Am Himmel entlang
Gewittersturm rollt,
Drin schreckensbang
Der Donner grollt.

Max Rieple

Sonnenuntergang

Der Morgen schauert
Fahl überm Hang.
Hier hab ich getrauert
Um die Sonne, die sank.
Meine Trauer, sie dauert;
Nie tröstet Gesang
Das Herz, welches trauert
Um die Sonne, die sank.
Und Träume, von wannen,
Sie folgen dem Gold
Der Sonne von dannen,
Wohin sie gesollt;
Und kamen von wannen
Und waren mir hold
Und folgen dem Gold
Der Sonne von dannen.

Georg von der Vring

Promenade sentimentale

Le couchant dardait ses rayons suprêmes
Et le vent berçait les nénuphars blêmes ;
Les grands nénuphars entre les roseaux
Tristement luisaient sur les calmes eaux.
Moi j'errais tout seul, promenant ma plaie
Au long de l'étang, parmi la saulaie
Où la brume vague évoquait un grand
Fantôme laiteux se désespérant
Et pleurant avec la voix des sarcelles
Qui se rappelaient en battant des ailes
Parmi la saulaie où j'errais tout seul
Promenant ma plaie ; et l'épais linceul
Des ténèbres vint noyer les suprêmes
Rayons du couchant dans ces ondes blêmes
Et les nénuphars, parmi les roseaux,
Les grands nénuphars sur les calmes eaux.

Chanson d'automne

Les sanglots longs
Des violons
    De l'automne
Blessent mon cœur
D'une langueur
    Monotone.

Tout suffocant
Et blême, quand
    Sonne l'heure,
Je me souviens
Des jours anciens
    Et je pleure ;

Empfindsamer Gang

Die Sonne schrägte mit den letzten Strahlen,
Die Wasserrosen schaukelten, die fahlen;
Die großen Wasserrosen hinterm Rohr,
Schwermütig glänzten sie vom Teich empor.
Ich ging allein und führte nur mein Leiden
Entlang des Teiches und der Uferweiden,
Wo aus dem Nebel, der da schwankend wallt,
Sich eine große milchige Gestalt
Erhob und schrie mit des Geflügels Klagen,
Wenn eins dem andern rief mit Flügelschlagen
In Weiden, wo ich irrend und allein
Mein Leiden führte. Und den letzten Schein
Des Sternenstrahlens auf den fahlen Wellen
Verschlang des Dunkels dichtes schweres Schwellen
Der Wasserrosen leichtgewiegten Flor,
Die großen Wasserrosen hinterm Rohr.

Otto von Taube

Herbstlied

Es schluchzt so bang
Der Herbst wie Klang
    Von Geigen,
Und nichts als Schmerz
Empfängt mein Herz
    Zu eigen.

Gequält und blaß
Vernehm ich, daß
    Die Stunde schlage,
Erinnre mich
Der Zeit, die entwich,
    Und ich klage

Et je m'en vais
Au vent mauvais
    Qui m'emporte
Deçà, delà,
Pareil à la
    Feuille morte.

Chanson d'automne

Les sanglots longs
Des violons
    De l'automne
Blessent mon cœur
D'une langueur
    Monotone.

Tout suffocant
Et blême, quand
    Sonne l'heure,
Je me souviens
Des jours anciens
    Et je pleure ;

Et je m'en vais
Au vent mauvais
    Qui m'emporte
Deçà, delà,
Pareil à la
    Feuille morte.

Und muß nun gehn,
Mich lassen verwehn
   Von dem Wetter
Nach da, nach dort,
Welk und verdorrt
   Wie die Blätter.

Wilhelm Willige

Herbstgesang

So dumpfen Reigen
die Herbstgeigen
   stöhnen,
daß sie im Herzen
wie stumpfe Schmerzen
   dröhnen.

Gewürgt vom entsetzten
Gewissen beim letzten
   Schlage,
denk ich an meine
Jugend und weine
   und klage!

Ich segle blind
mit bösem Wind –
   der hat
   sein Spiel, feldaus, feldein
treibt er mich hin wie ein
   totes Blatt.

Ernst Hardt

L'Heure du berger

La lune est rouge au brumeux horizon ;
Dans un brouillard qui danse la prairie
S'endort fumeuse, et la grenouille crie
Par les joncs verts où circule un frisson ;

Les fleurs des eaux referment leurs corolles ;
Des peupliers profilent aux lointains,
Droits et serrés, leurs spectres incertains ;
Vers les buissons errent les lucioles ;

Les chats-huants s'éveillent, et sans bruit
Rament l'air noir avec leurs ailes lourdes,
Et le zénith s'emplit de lueurs sourdes.
Blanche, Vénus émerge, et c'est la Nuit.

L'Heure du berger

La lune est rouge au brumeux horizon ;
Dans un brouillard qui danse la prairie
S'endort fumeuse, et la grenouille crie
Par les joncs verts où circule un frisson ;

Les fleurs des eaux referment leurs corolles ;
Des peupliers profilent aux lointains,
Droits et serrés, leurs spectres incertains ;
Vers les buissons errent les lucioles ;

Les chats-huants s'éveillent, et sans bruit
Rament l'air noir avec leurs ailes lourdes,
Et le zénith s'emplit de lueurs sourdes.
Blanche, Vénus émerge, et c'est la Nuit.

Die Hirtenstunde

Blutrot am grauen Horizonte steht
Im Nebeltanz der Mond. Es schlummert ein
Das Feld im Rauche, und die Frösche schrein
Aus grünem Schilf, durch das ein Schauder weht.

Der Kelch der Wasserblume geht zur Ruh.
Steil und gedrängt in großer Ferne ziehn
Sich Pappeln wie Gespensterwesen hin.
Glühwürmchen taumeln den Gebüschen zu.

Die Eulen, lautlos-streifend, sind erwacht,
Die schwarze Luft mit schweren Schwingen scheuchten,
Und der Zenit füllt sich mit mattem Leuchten.
Venus erhebt sich bleich, und es ist Nacht.

Karl Krolow

Am graubedeckten Horizont erhebt
Sich rot der Mond, vom Nebeltanz getragen.
Das Feld schläft dampfend ein, die Frösche klagen
Im grünen Schilf, durch das ein Frösteln bebt.

Den Kelch verschliesst die Wasserblume wieder,
Starr und gedrängt in weiter Ferne reihn
Sich Pappeln auf in ungewissem Schein,
Leuchtkäfer irren zu den Büschen nieder.

Der Eulen lautlos finstre Schar erwacht,
Die Luft mit schwerem Fluge zu durchsteuern,
Der Äther füllt sich mit gedämpften Feuern,
Venus taucht bleich hervor: das ist die Nacht.

Wolf von Kalckreuth

Le Rossignol

Comme un vol criard d'oiseaux en émoi,
Tous mes souvenirs s'abattent sur moi,
S'abattent parmi le feuillage jaune
De mon cœur mirant son tronc plié d'aune
Au tain violet de l'eau des Regrets
Qui mélancoliquement coule auprès,
S'abattent, et puis la rumeur mauvaise
Qu'une brise moite en montant apaise,
S'éteint par degrés dans l'arbre, si bien
Qu'au bout d'un instant on n'entend plus rien,
Plus rien que la voix célébrant l'Absente,
Plus rien que la voix – ô si languissante ! –
De l'oiseau que fut mon Premier Amour,
Et qui chante encor comme au premier jour ;
Et, dans la splendeur triste d'une lune
Se levant blafarde et solennelle, une
Nuit mélancolique et lourde d'été,
Pleine de silence et d'obscurité,
Berce sur l'azur qu'un vent doux effleure
L'arbre qui frissonne et l'oiseau qui pleure.

Le Rossignol

Comme un vol criard d'oiseaux en émoi,
Tous mes souvenirs s'abattent sur moi,
S'abattent parmi le feuillage jaune
De mon cœur mirant son tronc plié d'aune
Au tain violet de l'eau des Regrets
Qui mélancoliquement coule auprès,
S'abattent, et puis Ja rumeur mauvaise
Qu'une brise moite en montant apaise,
S'éteint par degrés dans l'arbre, si bien
Qu'au bout d'un instant on n'entend plus rien,
Plus rien que la voix célébrant l'Absente,

Die Nachtigall

Erinnerungen flattern, hergefegt
Ein Flug von Vögeln, kreischend, aufgeregt,
In meines Herzens gelbes Laub hernieder,
Gebeugter Erlenstumpf, erscheint es wieder,
Dies Herz, im veilchenblauen Zinn der Flut
Aus Tränen, die gerinnt und spiegelnd ruht, –
Sie flattern … endlich friedet sie das Schwärmen,
Die feuchte Brise steigt und löscht das Lärmen,
Im Baum verstummt gemach das schrille Heer,
Noch einen Augenblick – man hört nichts mehr,
Nur *eine* Stimme bleibt und tönt zum Preise
Der fernen, fernen Frau und schluchzt die Weise
Des Vogels, der die erste Liebe war,
Noch heute singt er wie vor Tag und Jahr,
Der Mond geht auf, der feierliche, bleiche,
In seinem Schimmer wie um eine Leiche
Wiegt voll der Kümmernis die Sommernacht,
Von Schweigen schwer und von des Dunkels Pracht,
An dem Azur, den süße Luft umwittert,
Die Nachtigall, die weint – den Baum, der zittert.

Wilhelm Hausenstein

Die Nachtigall

Gleichwie eine kreischende Schar von jungen
Vögeln stürzen Erinnerungen
raschelnd herab durch die welken Blätter
des herbstenden Herzens. Gebeugt vom Wetter
der Leidenschaften, spiegelt der Baum
den Stamm im Bache der Reue, der traum-
verloren leis rauschend weiterrinnt.
Ein feuchter Hauch steigt auf und spinnt
ein sanftes Nebeln von Ast zu Ast.
Nun hör ich bebender Lauscher fast
kein Rauschen mehr, nur das schluchzende Lied

Plus rien que la voix – ô si languissante ! –
De l'oiseau que fut mon Premier Amour,
Et qui chante encor comme au premier jour ;
Et, dans la splendeur triste d'une lune
Se levant blafarde et solennelle, une
Nuit mélancolique et lourde d'été,
Pleine de silence et d'obscurité,
Berce sur l'azur qu'un vent doux effleure
L'arbre qui frissonne et l'oiseau qui pleure.

Femme et chatte

Elle jouait avec sa chatte,
Et c'était merveille de voir
La main blanche et la blanche patte
S'ébattre dans l'ombre du soir.

Elle cachait – la scélérate ! –
Sous ses mitaines de fil noir
Ses meurtriers ongles d'agate,
Coupants et clairs comme un rasoir.

L'autre aussi faisait la sucrée
Et rentrait sa griffe acérée,
Mais le diable n'y perdait rien…

Et dans le boudoir où, sonore,
Tintait son rire aérien,
Brillaient quatre points de phosphore.

des Vogels, der mit der Jugend schied.
Er ruft die verlorne. Sein schmelzender Schlag
ist so silberrein wie am ersten Tag.
Der Mond erhebt sich still und bleich,
und die Nacht, so sommerschwül und weich
von Schwermut, wiegt den fröstelnden Baum
und wehend den weinenden Vogel im Traum …

Richard Schaukal

Frau und Katze

Sie spielte mit ihrem Kätzchen,
Und reizend waren zu schau'n
Die weissen Hände und Tätzchen
Beim Tändeln im Abendgrau'n.

Versteckt hielt voll lustiger Mätzchen
Im Handschuh, o Tücke der Frau'n,
Die spitzigen Nägel mein Schätzchen,
Die scharf wie Messer, traun.

Auch die andere wollte gefallen
Und versteckt ihre grausamen Krallen,
Doch währt ihre Sanftmut nicht lang …

Und im Zimmer, in Dämm'rung versunken,
Wo ihr silbernes Lachen erklang,
Erglänzten vier Phosphorfunken.

Wolf von Kalckreuth

Sérénade

Comme la voix d'un mort qui chanterait
    Du fond de sa fosse,
Maîtresse, entends monter vers ton retrait
    Ma voix aigre et fausse.

Ouvre ton âme et ton oreille au son
    De ma mandoline :
Pour toi j'ai fait, pour toi, cette chanson
    Cruelle et câline.

Je chanterai tes yeux d'or et d'onyx
    Purs de toutes ombres,
Puis le Léthé de ton sein, puis le Styx
    De tes cheveux sombres.

Comme la voix d'un mort qui chanterait
    Du fond de sa fosse,
Maîtresse, entends monter vers ton retrait
    Ma voix aigre et fausse.

Puis je louerai beaucoup, comme il convient,
    Cette chair bénie
Dont le parfum opulent me revient
    Les nuits d'insomnie.

Et pour finir, je dirai le baiser
    De ta lèvre rouge,
Et ta douceur à me martyriser,
    – Mon Ange ! – ma Gouge !

Ouvre ton âme et ton oreille au son
    De ma mandoline :
Pour toi j'ai fait, pour toi, cette chanson
    Cruelle et câline.

Serenade

Als ob ein Toter im Grabe müd und wund
  nach Leben riefe,
sucht mein Lied sich zu dir mit klagendem Mund
  aus dunkler Tiefe.

Laß lauschen dein Ohr, deine Seele dem Klang
  meiner Zither:
für dich, für dich nur gilt mein Gesang …
  so süß, so bitter.

Ich singe von goldlichter Augen Pracht
  voll süßem Frohlocken,
von selig vergessendem Traum in der Nacht
  schwarz wallender Locken.

Als ob ein Toter im Grabe müd und wund
  nach Leben riefe,
sucht mein Lied sich zu dir mit klagendem Mund
  aus dunkler Tiefe.

Und ich sing von der wonnigen Wundergestalt
  deiner Glieder,
in schlaflosen Nächten voll Sehnsucht umwallt
  ihr Duft mich wieder.

Und ich denke der Glut deiner Küsse dazu,
  mich entseelend,
und der Lust, mit der du mich quältest, o du …
  mein Engel, mein Elend!

Laß lauschen dein Ohr, deine Seele dem Klang
  meiner Zither:
für dich, für dich nur war, was ich sang …
  so süß, so bitter!

Cäsar Flaischlen

Fêtes Galantes | Galante Feste

Clair de lune

Votre âme est un paysage choisi
Que vont charmant masques et bergamasques
Jouant du luth et dansant et quasi
Tristes sous leurs déguisements fantasques.

Tout en chantant sur le mode mineur
L'amour vainqueur et la vie opportune,
Ils n'ont pas l'air de croire à leur bonheur
Et leur chanson se mêle au clair de lune,

Au calme clair de lune triste et beau,
Qui fait rêver les oiseaux dans les arbres
Et sangloter d'extase les jets d'eau,
Les grands jets d'eau sveltes parmi les marbres.

Clair de lune

Votre âme est un paysage choisi
Que vont charmant masques et bergamasques
Jouant du luth et dansant et quasi
Tristes sous leurs déguisements fantasques.

Tout en chantant sur le mode mineur
L'amour vainqueur et la vie opportune,
Ils n'ont pas l'air de croire à leur bonheur
Et leur chanson se mêle au clair de lune,

Au calme clair de lune triste et beau,
Qui fait rêver les oiseaux dans les arbres
Et sangloter d'extase les jets d'eau,
Les grands jets d'eau sveltes parmi les marbres.

Mondenschein

Dein herz ist ein erlesenes gefild
Bezaubert von dem takt der bergamasken
Von lautenspielen und von tanz – ein bild
Fast traurig trotz der ausgelassnen masken.

Wenn sie in sanften tönen auch besingen
Der liebe siege und das leichte sein:
Will ihnen rechte freude nicht gelingen
Und ihr gesang verschmilzt im mondenschein –

Im stillen mondenscheine schön und fahl
Vor dem die vögel träumen in den hecken
Und in verzückung schluchzt der wasserstrahl
Der grosse schlanke strahl im marmorbecken.

Stefan George

Mondschein

So seltsam scheint mir deine Seele, wie
Ein Park, durch den ein Zug von Masken flimmert,
Doch Tanz und ihrer Lauten Melodie
Verbirgt nur Schmerz, der durch die Masken schimmert.

Von Liebe singen sie und rühmen ihr Geschick,
Doch Mollklang macht das lose Klimpern trüber,
Es dünkt, sie glauben selbst nicht an ihr Glück,
Und leise rinnt ihr Lied in Mondschein über,

In Mondschein, der, sanft-traurig, blaß und blank,
Die Vögel träumen läßt hoch in den Bäumen
Und schluchzen die Fontänen, daß sie schlank
Und schauernd in die Marmorschalen schäumen.

Stefan Zweig

Pantomime

Pierrot, qui n'a rien d'un Clitandre,
Vide un flacon sans plus attendre,
Et, pratique, entame un pâté.

Cassandre, au fond de l'avenue,
Verse une larme méconnue
Sur son neveu déshérité.

Ce faquin d'Arlequin combine
L'enlèvement de Colombine
Et pirouette quatre fois.

Colombine rêve, surprise
De sentir un cœur dans la brise
Et d'entendre en son cœur des voix.

Sur l'herbe

L'abbé divague. – Et toi, marquis,
Tu mets de travers ta perruque.
– Ce vieux vin de Chypre est exquis
Moins, Camargo, que votre nuque.

– Ma flamme… – Do, mi, sol, la, si.
L'abbé, ta noirceur se dévoile !
– Que je meure, Mesdames, si
Je ne vous décroche une étoile !

– Je voudrais être petit chien !
– Embrassons nos bergères l'une
Après l'autre. – Messieurs, eh bien ?
– Do, mi, sol. – Hé ! bonsoir, la Lune !

Pantomime

Pierrot, der so ungleich Clitander,
Langt zu und vertilgt nacheinander
Ohne Zaudern Pastete und Wein.

Cassander seh' ich dort stehen,
Eine Träne im Grund der Alleen
Dem enterbten Neffen zu weihn.

Zur Entführung von Colombine
Macht der Schelm von Harlekin Miene,
Der sein Rad hier viermal schlägt.

Colombine staunt, dass im Winde
Ein Herz sie träumend empfinde,
Und ihr Herz ein Flüstern bewegt.

Wolf von Kalckreuth

Auf dem Rasen

Der Abbé phantasiert. – Und du, Marquis,
hast die Perücke überquer gesetzt.
– Der alte Zyperwein ist süß, so süß.
Doch süßer, Liebste, ist dein Nacken noch.

– Mein Kindchen … – Do, mi, sol, la, si –
Abbé, dein schwarzes Herz, du bist erkannt.
– Ich will doch augenblicks zur Hölle fahren,
wenn ich den Stern dort nicht herunterhole.

– O daß ich doch ein kleines Hündchen wäre.
– Wir wollen unsre süßen Mädchen küssen
der Reihe nach. – Nun, meine Herren, nun?
– Do mi sol – Heda, gute Nacht, Herr Mond!

Klabund

L'Allée

Fardée et peinte comme au temps des bergeries,
Frêle parmi les nœuds énormes de rubans,
Elle passe, sous les ramures assombries,
Dans l'allée où verdit la mousse des vieux bancs,
Avec mille façons et mille afféteries
Qu'on garde d'ordinaire aux perruches chéries.
Sa longue robe à queue est bleue, et l'éventail
Qu'elle froisse en ses doigts fluets aux larges bagues
S'égaie en des sujets érotiques, si vagues
Qu'elle sourit, tout en rêvant, à maint détail.
– Blonde en somme. Le nez mignon avec la bouche
Incarnadine, grasse et divine d'orgueil
Inconscient. – D'ailleurs, plus fine que la mouche
Qui ravive l'éclat un peu niais de l'œil.

À la promenade

Le ciel si pâle et les arbres si grêles
Semblent sourire à nos costumes clairs
Qui vont flottant légers, avec des airs
De nonchalance et des mouvements d'ailes.

Et le vent doux ride l'humble bassin,
Et la lueur du soleil qu'atténue
L'ombre des bas tilleuls de l'avenue
Nous parvient bleue et mourante à dessein.

Trompeurs exquis et coquettes charmantes,
Cœurs tendres, mais affranchis du serment,
Nous devisons délicieusement,
Et les amants lutinent les amantes,

Der Laubgang

Geschmückt gemalt wie zu den schäferzeiten
In grossen bandes-schleifen zierlich geht
Sie durch den laubgang wo sich schatten breiten
Und wo das moos auf alten bänken steht:
Mit tausend lärvchen tausend zierereien
Als ob im spiel mit lieblingspapageien.
Ihr langes schleppenkleid ist blau· ihr fächer
Im schmalen finger mit den breiten ringen
Erzählt von so verworrnen liebes-dingen
Die sie zuweilen – ganz im traume – lächern.
Blond also! Ihre nase ein zierlich eckchen
Ihr mund voll fleischrot kindlich stolz ist ganz
Entzückend – schöner als das schönheits-fleckchen·
Es hebt des auges etwas faden glanz.

Stefan George

Auf der Promenade

Der blasse Himmel und die schlanken Äste
überschimmern mit ihrem zarten Schein
das buntfröhliche Durcheinander unsrer Reihn,
und unsre helle Kleidung knittert und flattert im Weste.

Ein leiser Lufthauch kräuselt den glatten
Spiegel des blanken Weihers, und das Sonnenlicht
dringt durch die gestutzten Lindenreihen und bricht
und kürzt der niedren Stämme blaue Schatten.

Zärtlicher Sinn und leichtentbrannte Herzen,
flüsternd einen bald gebrochnen Schwur,
so plaudern und kokettieren wir die Schnur
der langen Allee hin unter verliebten Scherzen.

De qui la main imperceptible sait
Parfois donner un soufflet, qu'on échange
Contre un baiser sur l'extrême phalange
Du petit doigt, et comme la chose est

Immensément excessive et farouche,
On est puni par un regard très sec,
Lequel contraste, au demeurant, avec
La moue assez clémente de la bouche.

Les Ingénus

Les hauts talons luttaient avec les longues jupes,
En sorte que, selon le terrain et le vent,
Parfois luisaient des bas de jambes, trop souvent
Interceptés ! – et nous aimions ce jeu de dupes.

Parfois aussi le dard d'un insecte jaloux
Inquiétait le col des belles sous les branches,
Et c'étaient des éclairs soudains de nuques blanches,
Et ce régal comblait nos jeunes yeux de fous.

Le soir tombait, un soir équivoque d'automne :
Les belles, se pendant rêveuses à nos bras,
Dirent alors des mots si spécieux, tout bas,
Que notre âme, depuis ce temps, tremble et s'étonne.

En bateau

L'étoile du berger tremblote
Dans l'eau plus noire et le pilote
Cherche un briquet dans sa culotte.

Ab und zu, von einem der zarten Händchen,
wird auch wohl ein gelinder Klaps appliziert,
den man nachher reuesamst quittiert
mit einem ergebensten Kuß auf das äußerste Endchen

des kleinen Fingers. Ging man etwas weiter,
und war etwa zu stürmisch das Delikt,
die Gnädige wohl etwas befremdet und kälter blickt,
aber um den schönen Mund bleibts heiter.

Johannes Schlaf

Die Kindlichen

Die hohen fersen kämpften und die langen kleider·
Und je nachdem es boden oder wind gefiel
Erglänzten manchmal beine – aufgefangen leider
Zu häufig – und wir liebten dieses torenspiel.

Und störte eines neidischen insektes stich
Den hals der schönen manchmal unter einem busche·
So spähten wir ob glanz auf weissen gliedern husche
Und unser närrisches vergnügen mehrte sich.

Verfänglich war ein spätjahr-abend angebrochen·
Die schönen hingen träumerisch an unserm arm
Und sagten worte so verdächtig ohne harm
Dass unsre herzen seit der zeit verwundert pochen.

Stefan George

Im Kahn

Zitternd wie durch feuchte Schleier
Schwimmt der Abendstern im Weiher,
Und der Fischer zündet Feuer.

C'est l'instant, Messieurs, ou jamais,
D'être audacieux, et je mets
Mes deux mains partout désormais !

Le chevalier Atys, qui gratte
Sa guitare, à Chloris l'ingrate
Lance une œillade scélérate.

L'abbé confesse bas Églé,
Et ce vicomte déréglé
Des champs donne à son cœur la clé.

Cependant la lune se lève
Et l'esquif en sa course brève
File gaîment sur l'eau qui rêve.

Le Faune

Un vieux faune de terre cuite
Rit au centre des boulingrins,
Présageant sans doute une suite
Mauvaise à ces instants sereins

Qui m'ont conduit et t'ont conduite,
– Mélancoliques pèlerins, –
Jusqu'à cette heure dont la fuite
Tournoie au son des tambourins.

Heute oder nie ist's Zeit,
Dass Ihr Herrn verwegen seid,
Lustig wag' ich jeden Streit.

Auf der Laute klimpert Lieder
Athis und blickt glühend nieder
Zu der spröden Chloris Mieder.

Eglé beichtet dem Abbé
Allzugern ihr Liebesweh,
Und der Graf ist toll wie je.

Mondlicht blinkt schon in den Räumen,
Und der Kahn streicht ohne Säumen
Durch der Wasser stilles Träumen.

Wolf von Kalckreuth

Der Faun

Der alte faun aus grauem thone·
Sieht aus dem gras mit lüsternheit·
Er profezeit uns zweifelsohne
Ein schlimmes end auf heitre zeit

Die mich geleitet dich geleitend
Uns wanderer mit trübem geist
Bis zu der stunde die entgleitend
Beim klang der tamburine kreist.

Stefan George

Mandoline

Les donneurs de sérénades
Et les belles écouteuses
Échangent des propos fades
Sous les ramures chanteuses.

C'est Tircis et c'est Aminte,
Et c'est l'éternel Clitandre,
Et c'est Damis qui pour mainte
Cruelle fait maint vers tendre.

Leurs courtes vestes de soie,
Leurs longues robes à queues,
Leur élégance, leur joie
Et leurs molles ombres bleues

Tourbillonnent dans l'extase
D'une lune rose et grise,
Et la mandoline jase
Parmi les frissons de brise.

L'Amour par terre

Le vent de l'autre nuit a jeté bas l'Amour
Qui, dans le coin le plus mystérieux du parc,
Souriait en bandant malignement son arc,
Et dont l'aspect nous fit tant songer tout un jour !

Le vent de l'autre nuit l'a jeté bas ! Le marbre
Au souffle du matin tournoie, épars. C'est triste
De voir le piédestal, où le nom de l'artiste
Se lit péniblement parmi l'ombre d'un arbre,

Mandoline

Sie, die klimpern auf den Saiten,
Und die Schönen, welche lauschen,
Tauschen matte Höflichkeiten,
Wo die grünen Zweige rauschen.

Tircis und Aminte sind es,
Auch Clitander darf nicht fehlen.
Damis, um manch spröden Kindes
Herz mit zartem Reim zu stehlen.

Ihrer langen Schleppen Seide,
Ihre Westen, ihre glatten,
Ihre Feinheit, ihre Freude,
Ihre weichen, blauen Schatten

Wirbeln, wo der Mond verdüstert
Ros'ger bald erscheint, bald grauer,
Und die Mandoline flüstert
In des Abendwindes Schauer.

Wolf von Kalckreuth

Amor auf der Erde

Der nachtwind warf den liebesgott herab
Der in des parks geheimstem winkel stand
Und boshaft spielte mit des bogens band
Und der uns einst so viel zu denken gab –

Der nachtwind jagte ihn herab· es streichen
Die morgenwinde drüber hin· o trauer!
Den sockel anzusehn wo der erbauer
Geschrieben steht in halbverwischten zeichen.

Oh ! c'est triste de voir debout le piédestal
Tout seul ! Et des pensers mélancoliques vont
Et viennent dans mon rêve où le chagrin profond
Évoque un avenir solitaire et fatal.

Oh ! c'est triste ! – Et toi-même, est-ce pas ? es touchée
D'un si dolent tableau, bien que ton œil frivole
S'amuse au papillon de pourpre et d'or qui vole
Au-dessus des débris dont l'allée est jonchée.

L'Amour par terre

Le vent de l'autre nuit a jeté bas l'Amour
Qui, dans le coin le plus mystérieux du parc,
Souriait en bandant malignement son arc,
Et dont l'aspect nous fit tant songer tout un jour !

Le vent de l'autre nuit l'a jeté bas ! Le marbre
Au souffle du matin tournoie, épars. C'est triste
De voir le piédestal, où le nom de l'artiste
Se lit péniblement parmi l'ombre d'un arbre,

Oh ! c'est triste de voir debout le piédestal
Tout seul ! Et des pensers mélancoliques vont
Et viennent dans mon rêve où le chagrin profond
Évoque un avenir solitaire et fatal.

Oh ! c'est triste ! – Et toi-même, est-ce pas ? es touchée
D'un si dolent tableau, bien que ton œil frivole
S'amuse au papillon de pourpre et d'or qui vole
Au-dessus des débris dont l'allée est jonchée.

O trauer! wie der sockel nun verwaist
Für sich! Ein düsterer gedanke kam
Und ging in meinem sinn wo tiefer gram
In eine zukunft schlimm und einsam weist.

O trauer! dich sogar schien zu bekümmern
Das trübe bild wenn du auch keck und heiter
Dem gold- und purpurfalter folgst der weiter
Sich tummelt über den zerstreuten trümmern.

Stefan George

Der umgestürzte Amor

Es hat der Wind gestürzt den kleinen Liebesgott,
der gestern abend noch im tiefsten Gartengrund
gespannt in Händen hielt des Bogens niedlich Rund
und jüngst uns lächeln sah mit überlegnem Spott!

Der Wind hat ihn gestürzt. In trocknem Marmorstaube
verweht der weiße Leib, vom Morgenhauch getragen.
Der Sockel starrt. Nur schwer läßt sich der Name sagen
des Künstlers, überdeckt von schattendunklem Laube.

Der leere Sockel starrt in seinem toten Schmerz,
so traurig und verwaist, und im geheimen stiehlt,
indes der Augenblick mich träumerisch umspielt,
sich zag ein Vorgefühl in mein verlaßnes Herz.

Wie traurig! Und selbst dich, mein loses Kind, durchzittert
des Bildes stummes Leid, wenn auch dein Blick sich wendet
zum Schmetterlinge, der dich purpurgolden blendet
und keck sich wiegt, wo feucht der Schutt im Gang
                                        verwittert.

Paul Wiegler

En sourdine

Calmes dans le demi-jour
Que les branches hautes font,
Pénétrons bien notre amour
De ce silence profond.

Fondons nos âmes, nos cœurs
Et nos sens extasiés,
Parmi les vagues langueurs
Des pins et des arbousiers.

Ferme tes yeux à demi,
Croise tes bras sur ton sein,
Et de ton cœur endormi
Chasse à jamais tout dessein.

Laissons-nous persuader
Au souffle berceur et doux
Qui vient à tes pieds rider
Les ondes de gazon roux.

Et quand, solennel, le soir
Des chênes noirs tombera,
Voix de notre désespoir,
Le rossignol chantera.

Mit gedämpfter Stimme

Laß uns leis im halben Licht,
Das die hohen Zweige hüllen,
Unsre große Liebe dicht
Mit der tiefen Stille füllen.

Laß uns schmelzen Herz und Sinn
Und die wachen Seelen auch
Mit der müden Sehnsuchtsminne
In den Fichten, in dem Strauch.

Laß die Arme ruhig hangen
Und die Augen zugetan!
Aus dem Herzen, schlafbefangen,
Scheuch für ewig jeden Plan.

Lassen wir uns ganz betäuben
Von dem Hauch, der schmeichelnd wiegt,
Dir am Fuß, daß Düfte stäuben,
Bunte Rasenwellen biegt.

Und wann heilig Nacht im Schleier
Durch die schwarzen Eichen irrt,
Eine Nachtigall als Leier
Unserer Wehmut singen wird.

Ernst Hardt

Colloque sentimental

Dans le vieux parc solitaire et glacé,
Deux formes ont tout à l'heure passé.

Leurs yeux sont morts et leurs lèvres sont molles,
Et l'on entend à peine leurs paroles.

Dans le vieux parc solitaire et glacé,
Deux spectres ont évoqué le passé.

– Te souvient-il de notre extase ancienne ?
– Pourquoi voulez-vous donc qu'il m'en souvienne ?

– Ton cœur bat-il toujours à mon seul nom ?
Toujours vois-tu mon âme en rêve ? – Non.

– Ah ! les beaux jours de bonheur indicible
Où nous joignions nos bouches ! – C'est possible.

– Qu'il était bleu, le ciel, et grand, l'espoir !
– L'espoir a fui, vaincu, vers le ciel noir.

Tels ils marchaient dans les avoines folles,
Et la nuit seule entendit leurs paroles.

Gefühlsames Zwiegespräch

Im alten einsamen park wo es fror
Traten eben zwei schatten hervor.

Ihre augen sind tot· ihre lippen erblassen·
Kaum kann man ihre worte fassen.

Im alten einsamen park wo es fror
Rufen zwei schatten das ehmals hervor. –

Entsinnst du dich unsrer alten minne? –
›Was willst du dass ich mich ihrer entsinne?‹

Dein herz klopft bei meinem namen allein·
Siehst du mich noch immer im traume? – ›Nein‹

Ach die tage so schön· das glück so unsäglich
Wo unsere lippen sich trafen! ›Wohl möglich‹

Wie blau war der himmel· die hoffnung wie gross! –
›Die hoffnung entfloh in den finsteren schooss.‹

Sie gingen hin in den wirren saaten·
Die nacht nur hat ihre worte erraten.

Stefan George

La Bonne Chanson | Das gute Lied

EN ROBE GRISE et verte avec des ruches,
Un jour de juin que j'étais soucieux,
Elle apparut souriante à mes yeux
Qui l'admiraient sans redouter d'embûches ;

Elle alla, vint, revint, s'assit, parla,
Légère et grave, ironique, attendrie :
Et je sentais en mon âme assombrie
Comme un joyeux reflet de tout cela ;

Sa voix, étant de la musique fine,
Accompagnait délicieusement
L'esprit sans fiel de son babil charmant
Où la gaîté d'un cœur bon se devine.

Aussi soudain fus-je, après le semblant
D'une révolte aussitôt étouffée,
Au plein pouvoir de la petite Fée
Que depuis lors je supplie en tremblant.

AVANT QUE TU NE T'EN AILLES,
Pâle étoile du matin,
    – Mille cailles
Chantent, chantent dans le thym. –

Tourne devers le poète,
Dont les yeux sont pleins d'amour,
    – L'alouette
Monte au ciel avec le jour. –

Tourne ton regard que noie
L'aurore dans son azur ;
    – Quelle joie
Parmi les champs de blé mûr ! –

50

IM GRAUEN KLEID und grüner Rüsche,
erschien sie mir mit lächelndem Gesicht:
ich blickte sorgenvoll durch Junibüsche –
Und staunte gleich: an eine Schlinge dacht ich nicht.

Sie kam, sie ging, kam wieder, setzte sich, sie sprach:
behutsam, ernst, auch spöttisch-angenehm.
In meine sanft umtrübte Seele brach
ein frohster Widerhall von alledem.

Wie fein war die Musik in ihrer Stimme!
O, sie begleitete, von Reiz umweht,
ein liebes Stammeln, fern von jedem Grimme,
in dem des Herzens Frohsinn sich verrät.

Wie plötzlich war ich ganz in ihrer Macht!
Nur kurz und scheinbar hatt ich mich gewehrt.
Wie ward das von der kleinen Fee vollbracht?
Nun flehe ich, der bebend sie begehrt.

Theodor Däubler

O MORGENSTERN, EH DU AM KLAREN
Himmel beendest die Bahn,
   – Wachtelscharen
Rufen, rufen im Thymian. –

Wende zum Dichter hernieder,
Des Auge von Liebe nur spricht,
   – Lerchenlieder
Steigen empor mit dem Licht. –

Wende den Blick, eh der Schleier
Des Frührots ganz ihn behält,
   – Welche Feier
Im reifenden Weizenfeld! –

Puis fais luire ma pensée
Là-bas, – bien loin, oh ! bien loin !
   – La rosée
Gaîment brille sur le foin. –

Dans le doux rêve où s'agite
Ma mie endormie encor…
   – Vite, vite,
Car voici le soleil d'or. –

LA LUNE BLANCHE
Luit dans les bois ;
De chaque branche
Part une voix
Sous la ramée…

Ô bien-aimée.

L'étang reflète,
Profond miroir,
La silhouette
Du saule noir
Où le vent pleure…

Rêvons, c'est l'heure.

Un vaste et tendre
Apaisement
Semble descendre
Du firmament
Que l'astre irise…

C'est l'heure exquise.

Dann laß mein Gedenken schimmern
Dorthin, – o weit, weit hinaus,
   – Sieh, es flimmern
Am Gras schon die Perlen des Taus. –

Daß den Traum es, den holden, teile,
Drin schlummernd mein Lieb sich noch wiegt …
   – Eile, eile,
Da das Gold der Sonne schon siegt. –

Wilhelm Willige

DER BLASSE MOND
Glänzt im Gesträuch
Ein Stimmlein bebt
Aus jedem Zweig
Und schwebt zu dir

O Liebste mir!

Im Weiher scheint
Tiefschwarz, doch mild
Als Schattenbild
Der Weidenbaum.
Der Nachtwind weint …

O Schlaf! O Traum!

Wie dehnt sich weit
Die Einsamkeit.
Der Himmelsraum
Erfüllt sich ganz
Mit Farbenglanz …

Still steht die Zeit!

Gerhart Haug

La lune blanche
Luit dans les bois ;
De chaque branche
Part une voix
Sous la ramée…

Ô bien-aimée.

L'étang reflète,
Profond miroir,
La silhouette
Du saule noir
Où le vent pleure…

Rêvons, c'est l'heure.

Un vaste et tendre
Apaisement
Semble descendre
Du firmament
Que l'astre irise…

C'est l'heure exquise.

LE BRUIT DES CABARETS, la fange du trottoir,
Les platanes déchus s'effeuillant dans l'air noir,
L'omnibus, ouragan de ferrailles et de boues,
Qui grince, mal assis entre ses quatre roues,
Et roule ses yeux verts et rouges lentement,
Les ouvriers allant au club, tout en fumant
Leur brûle-gueule au nez des agents de police,
Toits qui dégouttent, murs suintants, pavé qui glisse,
Bitume défoncé, ruisseau comblant l'égout,
Voilà ma route – avec le paradis au bout.

Helle Nacht

Weich küßt die Zweige
der weiße Mond.
Ein Flüstern wohnt
im Laub, als neige,
als schweige sich der Hain zur Ruh:
    Geliebte du.

Der Weiher ruht, und
die Weide schimmert.
Ihr Schatten flimmert
in seiner Flut, und
der Wind weint in den Bäumen:
    wir träumen – träumen –

Die Weiten leuchten
Beruhigung.
Die Niederung
hebt bleich den feuchten
Schleier hin zum Himmelssaum:
    o hin – o Traum – –

Richard Dehmel

DER STRASSENSCHÄNKEN LAUT, der Bürgersteige Kot;
Platanen blattlos, in der schwarzen Luft halbtot;
Ein Omnibus, Orkan aus Schmutz und Eisenteilen,
Knirscht, seine Massen unrecht auf vier Rädern weilen,
Und langsam grünes Auge, rotes Auge gafft;
Arbeiter unterwegs zum Club, der eine pafft
Dem Polizisten mitten ins Gesicht den Knaster;
Sehr üble Häuser, feuchte Mauern, glitschiges Pflaster;
Asphalt zerstört, Kanal verstopft durch Regenguß:
Dies ist mein Weg – jedoch das Paradies am Schluß.

Franz von Rexroth

J'ALLAIS PAR DES CHEMINS PERFIDES,
Douloureusement incertain.
Vos chères mains furent mes guides.

Si pâle à l'horizon lointain
Luisait un faible espoir d'aurore ;
Votre regard fut le matin.

Nul bruit, sinon son pas sonore,
N'encourageait le voyageur.
Votre voix me dit : «Marche encore !»

Mon cœur craintif, mon sombre cœur
Pleurait, seul sur la triste voie ;
L'amour, délicieux vainqueur,

Nous a réunis dans la joie.

AUF IRREN PFADEN OHNE ENDE
Schritt ich dahin in banger Qual,
Mich führten deine lieben Hände.

Ich sah am Horizont, dass fahl
Ein schwacher Schein der Hoffnung glimme,
Dein Auge war der Morgenstrahl.

Ermut'gend durch die Nacht, die schlimme,
Kam nur der eig'nen Schritte Klang:
Geh weiter! sagte deine Stimme.

Mein Herz, so düster und so bang,
Es weinte still in bitt'rem Leide,
Die Liebe, die den Sieg errang

Hat uns geeint in sel'ger Freude!

Wolf von Kalckreuth

Romances sans Paroles | Lieder ohne Worte

Ariettes oubliées

1

Le vent dans la plaine
Suspend son haleine.
(Favart)

C'est l'extase langoureuse,
C'est la fatigue amoureuse,
C'est tous les frissons des bois
Parmi l'étreinte des brises,
C'est, vers les ramures grises,
Le chœur des petites voix.

Ô le frêle et frais murmure !
Cela gazouille et susurre,
Cela ressemble au cri doux
Que l'herbe agitée expire…
Tu dirais, sous l'eau qui vire,
Le roulis sourd des cailloux.

Cette âme qui se lamente
En cette plainte dormante,
C'est la nôtre, n'est-ce pas ?
La mienne, dis, et la tienne,
Dont s'exhale l'humble antienne
Par ce tiède soir, tout bas ?

Vergessene Weisen

1

Le vent dans la plaine
Suspend son haleine.
(Favart)

Dies ist die müde verzückung·
Dies ist der liebe bedrückung·
Dies ist aller wälder gesang
Unter dem kusse der winde·
Dies ist durch des laubes gewinde
Der kleinen stimmen klang.

O schwaches und frisches flüstern!
Das murmelt und zwitschert im düstern·
Das ähnelt dem sanften moll:
Dem hauch auf bewegtem korne –
Und fast auf dem ringligen borne
Der kiesel dumpfem geroll.

Die seele die leidende zage
In dieser schläfernden klage
Es ist die unsere· nicht?
Die meine sprich! und die deine·
Aus ihnen flieht leise der reine
Psalm in das abendlicht.

Stefan George

1

Le vent dans la plaine
Suspend son haleine.
(Favart)

C'est l'extase langoureuse,
C'est la fatigue amoureuse,
C'est tous les frissons des bois
Parmi l'étreinte des brises,
C'est, vers les ramures grises,
Le chœur des petites voix.

Ô le frêle et frais murmure !
Cela gazouille et susurre,
Cela ressemble au cri doux
Que l'herbe agitée expire…
Tu dirais, sous l'eau qui vire,
Le roulis sourd des cailloux.

Cette âme qui se lamente
En cette plainte dormante
C'est la nôtre, n'est-ce pas ?
La mienne, dis, et la tienne,
Dont s'exhale l'humble antienne
Par ce tiède soir, tout bas ?

2

Je devine, à travers un murmure,
Le contour subtil des voix anciennes
Et dans les lueurs musiciennes,
Amour pâle, une aurore future !

Et mon âme et mon cœur en délires
Ne sont plus qu'une espèce d'œil double
Où tremblote à travers un jour trouble
L'ariette, hélas ! de toutes lyres !

Alte Weise

Ein dunkel geschwelltes Verlangen,
ein schamhaft verschüchtertes Bangen
erzittert von Baum hin zu Baum;
die Harfen der Laubkronen schwingen
im Windhauch die Saiten und singen
wie purpurne Vögel im Traum.

Das krause Geflüster der Ruten,
halb Aufbruch, halb dumpfes Verfluten
tönt dunkel wie Weizen im Wind,
lacht silbern wie Wellengeriesel,
das über vergoldete Kiesel
der Wiesen ins Binnenmeer rinnt.

Die Seele, die waldwärts erbebte
und schluchzend im Wasser verschwebte,
entfloh sie nicht unserem Mund?
Und ist es nicht meine, nicht deine,
und gehn sie nicht beide wie eine
verschlagene Stunde zugrund?

Paul Zech

2

Ich ahne hinter leisem geraun
In feinem umriss alte stimmen
Und in dem tönevollen glimmen·
Bleiches lieb· ein neues morgengraun.

Herz und seele – in wahnesschleiern –
Sind nur noch ein zwiefach gesicht
Wo zitternd durch trübes licht
Das liedchen dringt von allen leiern.

Ô mourir de cette mort seulette
Que s'en vont, – cher amour qui t'épeures, –
Balançant jeunes et vieilles heures !
Ô mourir de cette escarpolette !

3

Il pleut doucement sur la ville.
(Arthur Rimbaud)

Il pleure dans mon cœur
Comme il pleut sur la ville ;
Quelle est cette langueur
Qui pénètre mon cœur ?

Ô bruit doux de la pluie
Par terre et sur les toits !
Pour un cœur qui s'ennuie
Ô le chant de la pluie !

Il pleure sans raison
Dans ce cœur qui s'écœure.
Quoi ! nulle trahison ?…
Ce deuil est sans raison.

C'est bien la pire peine
De ne savoir pourquoi
Sans amour et sans haine
Mon cœur a tant de peine !

O stürben wir sacht so dahin!
Lass jahr und tag im gegaukel
Beängstigtes lieb! nur entfliehn –
O sterben auf dieser schaukel.

Stefan George

3

Il pleut doucement sur la ville.
(Arthur Rimbaud)

Es weint mein armes Herz,
wie auf die Stadt es regnet,
ach, welch ein banger Schmerz
durchdringt und quält mein Herz?

Wie rauscht so sanft der Regen
auf Straße und auf Dach.
Mein müdes Herz zu hegen
oh, wie singt der Regen!

Es weint ohn allen Grund
in meinem blutgen Herzen.
Ward durch Verrat es wund?
Mein Leid ist ohne Grund.

Das ist das schwerste Leiden,
zu wissen nicht warum.
Da Haß und Lieb mich meiden –
mein Herz muß so viel leiden.

Wolf von Kalckreuth

3

Il pleut doucement sur la ville.
(Arthur Rimbaud)

Il pleure dans mon cœur
Comme il pleut sur la ville ;
Quelle est cette langueur
Qui pénètre mon cœur ?

Ô bruit doux de la pluie
Par terre et sur les toits !
Pour un cœur qui s'ennuie
Ô le chant de la pluie !

Il pleure sans raison
Dans ce cœur qui s'écœure.
Quoi ! nulle trahison ?...
Ce deuil est sans raison.

C'est bien la pire peine
De ne savoir pourquoi
Sans amour et sans haine
Mon cœur a tant de peine !

3

Il pleut doucement sur la ville.
(Arthur Rimbaud)

Il pleure dans mon cœur
Comme il pleut sur la ville ;
Quelle est cette langueur
Qui pénètre mon cœur ?

Ô bruit doux de la pluie
Par terre et sur les toits !
Pour un cœur qui s'ennuie
Ô le chant de la pluie !

3

Es tränet in mein herz
Wie es tropft auf die häuser·
Was für ein sehnender schmerz
Dringt mir ins herz!

Ein sanftes geräusch ist der regen
Auf dem boden auf dem dach.
Für ein herz das die leiden bewegen –
O wie singt der regen!

Es regnet ohne grund
Im herzen das sich verzehret.
Was? kein verrat ward ihm kund?
Die trauer ist ohne grund.

Das sind die ärgsten peinen:
Nicht zu wissen warum . .
Liebe keine – hass keinen –
Mein herz hat solche peinen.

Stefan George

Regenlied

Wie nun des Regens Gerinn
Rauschend die Stadt umsingt,
Fühl ich ein Trauern, das in
Meine schauernde Seele dringt.

Regen, o Regengesang,
Dächer- und bodenwärts,
Was bist du für lieber Gesang
Für ein einsames Herz!

Il pleure sans raison
Dans ce cœur qui s'écœure.
Quoi ! nulle trahison ?...
Ce deuil est sans raison.

C'est bien la pire peine
De ne savoir pourquoi
Sans amour et sans haine
Mon cœur a tant de peine !

4

De la douceur, de la douceur, de la douceur.
(Inconnu)

Il faut, voyez-vous, nous pardonner les choses :
De cette façon nous serons bien heureuses
Et si notre vie a des instants moroses,
Du moins nous serons, n'est-ce pas ? deux pleureuses.

Ô que nous mêlions, âmes sœurs que nous sommes,
À nos vœux confus la douceur puérile
De cheminer loin des femmes et des hommes,
Dans le frais oubli de ce qui nous exile !

Soyons deux enfants, soyons deux jeunes filles
Éprises de rien et de tout étonnées
Qui s'en vont pâlir sous les chastes charmilles
Sans même savoir qu'elles sont pardonnées.

Dein Klingen und Klagen, es klopft
Mir auch im Herzen, das heiß
Sich in Tränen zertropft
Und doch seine Trauer nicht weiß.

Wer, o wer sagt mir das,
Warum sich mein Herz so betrübt,
Daß es stumm, ohne Liebe und Haß,
Einem grundlosen Grame sich gibt?

Stefan Zweig

4

Wir müssen – siehst du – uns versöhnlich einen:
So können wir noch beide glücklich werden·
Und trifft auch manches trübe uns auf erden:
Sind wir doch immer – nicht wahr? zwei die weinen.

Vermischen wir mit unsren wirren drängen·
Verschwistert herz· das kindische belieben
Uns fern zu halten von der menschen gängen
Und frisch vergessen was uns weggetrieben.

Wir wollen kindern· jungen mädchen gleichen·
Den herzen die um nichts verwundert pochen·
Die unter keuschem blätterdache bleichen
Und wissen sich nicht einmal losgesprochen.

Stefan George

7

Ô triste, triste était mon âme
À cause, à cause d'une femme.

Je ne me suis pas consolé
Bien que mon cœur s'en soit allé,

Bien que mon cœur, bien que mon âme
Eussent fui loin de cette femme.

Je ne me suis pas consolé,
Bien que mon cœur s'en soit allé.

Et mon cœur, mon cœur trop sensible
Dit à mon âme : Est-il possible,

Est-il possible, – le fuit-il, –
Ce fier exil, ce triste exil ?

Mon âme dit à mon cœur : Sais-je
Moi-même que nous veut ce piège

D'être présents bien qu'exilés,
Encore que loin en allés ?

8

Dans l'interminable
Ennui de la plaine
La neige incertaine
Luit comme du sable.

Le ciel est de cuivre
Sans lueur aucune.
On croyait voir vivre
Et mourir la lune.

7

O grau war mir zumute, grau,
Um eine Frau, um eine Frau.

Ich konnt meinen lieben Mut nicht fassen,
Obgleich ich diese Frau verlassen,

Obgleich mein Mut, obgleich mein Blut
Sie fliehen gemußt, und das war gut.

Ich konnt meinen lieben Mut nicht fassen,
Obgleich er stolz diese Frau verlassen.

Und es sprach mein Mut zu meinem Blut:
Ist das nun weise, ists wirklich gut,

Diese grauenvolle Ermannung,
Diese stolze, diese wehe Verbannung?

Und es sprach mein Blut, mein Blut: Wer weiß,
Was uns bannt in diesen Kreis,

Dies immer fliehen, doch nie entweichen,
Immer dasein, niemals erreichen?

Richard Dehmel

8

Ein Leichengewand
Trägt die ganze Weite,
Die endlos beschneite
Flimmert wie Sand –

Kupferfarben
Der Himmel ganz,
Licht und Glanz
Des Mondes starben –

Comme des nuées
Flottent gris les chênes
Des forêts prochaines
Parmi les buées.

Le ciel est de cuivre
Sans lueur aucune.
On croirait voir vivre
Et mourir la lune.

Corneille poussive
Et vous, les loups maigres,
Par ces bises aigres
Quoi donc vous arrive ?

Dans l'interminable
Ennui de la plaine
La neige incertaine
Luit comme du sable.

9

> *Le rossignol qui du haut d'une branche*
> *se regarde dedans, croit être tombé dans*
> *la rivière. Il est au sommet d'un chêne et*
> *toutefois il a peur de se noyer.*
> *(Cyrano de Bergerac)*

L'ombre des arbres dans la rivière embrumée
   Meurt comme de la fumée
Tandis qu'en l'air, parmi les ramures réelles,
   Se plaignent les tourterelles.

Combien, ô voyageur, ce paysage blême
   Te mira blême toi-même,
Et que tristes pleuraient dans les hautes feuillées
   Tes espérances noyées !

Mai, juin 72.

Ohne Gestalt
In Dunst entweichen
Die grauen Eichen
Im nahen Wald –

Kupferfarben
Der Himmel ganz,
Licht und Glanz
Des Mondes starben –

Wölfe und Krähen –
Der Wind pfeift rauh
Was haltet ihr Schau?
Was ist euch geschehen?

Ein Leichengewand
Trägt die ganze Weite,
Die endlos beschneite
Flimmert wie Sand …

Martin Hahn

9

Die schatten der bäume in umnebelten wogen
Wie rauch verzogen!
Und oben in lüften in dem wirklichen laube
Klagt eine taube.

Wie blicken· wandrer· auf dich diese blassen wasser –
Dich selber noch blasser!
Wie traurig weint es in dem hohen laube:
Dein ertränkter glaube!

Stefan George

Paysages belges

Charleroi

Dans l'herbe noire
Les Kobolds vont.
Le vent profond
Pleure, on veut croire.

Quoi donc se sent ?
L'avoine siffle.
Un buisson gifle
L'œil au passant.

Plutôt des bouges
Que des maisons.
Quels horizons
De forges rouges !

On sent donc quoi ?
Des gares tonnent,
Les yeux s'étonnent,
Où Charleroi ?

Parfums sinistres !
Qu'est-ce que c'est ?
Quoi bruissait
Comme des sistres ?

Sites brutaux !
Oh ! votre haleine,
Sueur humaine,
Cris des métaux !

Belgische Landschaften

Charleroi

Im schwarzen Gras
Kobolde gehn.
Des Windes Wehn,
Wie weh klagt das!

Man fühlt es nur –
Der Hafer sirrt,
Ein Strauch durchschwirrt
Des Blickes Spur.

Rings Löcher von Kot,
Denn Häuser sind's kaum;
Am Himmelssaum
Glühn Essen rot.

Welch dröhnender Ort!
Ein Bahnhof naht,
Dein Blick sucht Rat,
Liegt Charleroi dort?

Dunst, Rauch und Qualm –
Was hüllt es ein?
Nur Hämmern und Schrein.
Ein lärmender Psalm.

O Land, so kahl,
Dein Hauch, ich weiß,
Ist knirschender Stahl
Und Menschenschweiß!

Dans l'herbe noire
Les Kobolds vont.
Le vent profond
Pleure, on veut croire.

Malines

Vers les prés le vent cherche noise
Aux girouettes, détail fin
Du château de quelque échevin,
Rouge de brique et bleu d'ardoise,
Vers les prés clairs, les prés sans fin…

Comme les arbres des féeries,
Des frênes, vagues frondaisons,
Échelonnent mille horizons
À ce Sahara de prairies,
Trèfle, luzerne et blancs gazons.

Les wagons filent en silence
Parmi ces sites apaisés.
Dormez, les vaches ! Reposez,
Doux taureaux de la plaine immense,
Sous vos cieux à peine irisés !

Le train glisse sans un murmure,
Chaque wagon est un salon
Où l'on cause bas et d'où l'on
Aime à loisir cette nature
Faite à souhait pour Fénelon.

Août 72.

Im schwarzen Gras
Kobolde gehn.
Des Windes Wehn,
Wie weh klagt das!

Gerhart Haug

Mecheln

Sieh im Wind der Wiesen flügeln
Wetterfähnchen am Geglitz
Jenes Schlosses, Schöppensitz,
Schieferblau und rot von Ziegeln;
Hinter riesige Wiesen tritts.

Hier, wie Bäume auf den Bühnen,
Stellt der Eschen Laubgerinn
Tausend Horizonte hin
Zur Sahara einer grünen
Ebene mit Klee darin.

Schnurgerade zieht das Band des
Zuges, still und immerzu.
Schlaft, ihr Kühe! Pflegt der Ruh,
Fromme Stiere dieses Landes!
Deckt der Augen Schimmer zu!

Lautlos gleist der Zug ins Weite,
Jeder Wagen ein Salon,
Wo man lobt im Plauderton
Dieser Landschaft strenge Breite,
Wie gestellt für Fénelon.

Georg von der Vring

Aquarelles

Green

Voici des fruits, des fleurs, des feuilles et des branches
Et puis voici mon cœur qui ne bat que pour vous.
Ne le déchirez pas avec vos deux mains blanches
Et qu'à vos yeux si beaux l'humble présent soit doux.

J'arrive tout couvert encore de rosée
Que le vent du matin vient glacer à mon front.
Souffrez que ma fatigue à vos pieds reposée
Rêve des chers instants qui la délasseront.

Sur votre jeune sein laissez rouler ma tête
Toute sonore encor de vos derniers baisers ;
Laissez-la s'apaiser de la bonne tempête,
Et que je dorme un peu puisque vous reposez.

Spleen

Les roses étaient toutes rouges
Et les lierres étaient tout noirs.

Chère, pour peu que tu te bouges,
Renaissent tous mes désespoirs.

Le ciel était trop bleu, trop tendre,
La mer trop verte et l'air trop doux.

Je crains toujours, – ce qu'est d'attendre ! –
Quelque fuite atroce de vous.

Aquarelle

Green

Hier siehst du blätter früchte blumenspenden
Und hier mein herz· es schlägt für dich allein!
Zerreiß es nicht mit deinen weißen händen!
Laß dir die kleine gabe teuer sein.

Ich komme eben ganz von tau noch blinkend
Den kühler wind an meiner stirn gefriert·
Geruhe daß sie dir zu füßen sinkend
In teurer rast die müdigkeit verliert.

Mein haupt noch dröhnend von den letzten küssen
Laß michs an deinen jungen busen tun
Daß es genest von starken wettergüssen
Und laß mich da du schläfst ein wenig ruhn!

Stefan George

Spleen

Ganz rot die rosen blinken·
Der efeu ist schwarz wie die nacht.

Teure· wenn leis du nur winkest
Die alte verzweiflung erwacht.

Zu zart und zu blau war der himmel
Zu mild die luft und zu grün die bucht.

Ich erwarte – ich fürcht es immer –
Von dir eine schreckliche flucht.

Du houx à la feuille vernie
Et du luisant buis je suis las,

Et de la campagne infinie
Et de tout, fors de vous, hélas !

Spleen

Les roses étaient toutes rouges
Et les lierres étaient tout noirs.

Chère, pour peu que tu te bouges,
Renaissent tous mes désespoirs.

Le ciel était trop bleu, trop tendre,
La mer trop verte et l'air trop doux.

Je crains toujours, – ce qu'est d'attendre ! –
Quelque fuite atroce de vous.

Du houx à la feuille vernie
Et du luisant buis je suis las,

Et de la campagne infinie
Et de tout, fors de vous, hélas !

Streets I

    Dansons la gigue !

J'aimais surtout ses jolis yeux,
Plus clairs que l'étoile des cieux,
J'aimais ses yeux malicieux.

    Dansons la gigue !

Den leuchtenden buchs bin ich müde
Des hulstes gefirnißtes dach

Die endlos weiten gefilde
Und alles – dich nur nicht – ach!

Stefan George

Spleen

So rot erglühten einst die Rosen,
schwarz war der Efeu wie die Nacht.

Ach, Liebste, durch dein leises Kosen
sind meine Qualen all erwacht.

Zu reich erglänzte einst des Himmels Bläue,
des Meeres Grün, der Lüfte süßer Hauch.

Nun quält mich Angst, mir bangt aufs neue,
du –, du verläßt mich auch!

So müde macht der Blätter Glänzen,
des Laubes Leuchten ward zur Pein,

zur Last die Felder ohne Grenzen;
nur dich noch lieb ich, dich allein!

Fritz Kögel

Streets I

Tanzt mir den Reigen!
Ich liebt' ihr holdes Augenpaar,
Das heller als ein Stern mir war,
Ich liebt' die Augen spöttisch-klar,
    Tanzt mir den Reigen!

Elle avait des façons vraiment
De désoler un pauvre amant,
Que c'en était vraiment charmant !

  Dansons la gigue !

Mais je trouve encore meilleur
Le baiser de sa bouche en fleur
Depuis qu'elle est morte à mon cœur.

  Dansons la gigue !

Je me souviens, je me souviens
Des heures et des entretiens,
Et c'est le meilleur de mes biens.

  Dansons la gigue !

Soho.

Streets II

Ô la rivière dans la rue !
Fantastiquement apparue
Derrière un mur haut de cinq pieds,
Elle roule sans un murmure
Son onde opaque et pourtant pure,
Par les faubourgs pacifiés.

La chaussée est très large, en sorte
Que l'eau jaune comme une morte
Dévale ample et sans nuls espoirs
De rien refléter que la brume,
Même alors que l'aurore allume
Les cottages jaunes et noirs.

Paddington.

Sie plagte ihren Freund so lieb,
Dass sie ihn zur Verzweiflung trieb
Und immer doch entzückend blieb.
    Tanzt mir den Reigen!

Doch ist das Süss'ste, was sie bot,
Der Kuss von ihrer Lippen Rot,
Jetzt, da sie meinem Herzen tot.
    Tanzt mir den Reigen!

Noch denke sehnend ich zurück
An ferne Zeit, an Wort und Blick,
Und dieses ist mein höchstes Glück.
    Tanzt mir den Reigen!

Wolf von Kalckreuth

Streets II

Sieh den Fluß die Stadt durchgleiten,
Fremd und seltsam längs der breiten,
Fünf Fuß hohen Wand von Stein.
Wie dort durch die ruhevollen
Gassen still die Fluten rollen,
Dunkel, aber dennoch rein.

In dem breiten Bett wälzt blasser
Als ein Leichnam sich das Wasser,
Trostlos, weil nur Nebelgraun
Spiegelt in den trägen Fluten,
Leuchten auch des Frührots Gluten
Auf der Hütten Gelb und Braun.

Wolf von Kalckreuth

Beams

Elle voulut aller sur les flots de la mer,
Et comme un vent bénin soufflait une embellie,
Nous nous prêtâmes tous à sa belle folie,
Et nous voilà marchant par le chemin amer.

Le soleil luisait haut dans le ciel calme et lisse,
Et dans ses cheveux blonds c'étaient des rayons d'or,
Si bien que nous suivions son pas plus calme encor
Que le déroulement des vagues, ô délice !

Des oiseaux blancs volaient alentour mollement
Et des voiles au loin s'inclinaient toutes blanches.
Parfois de grands varechs filaient en longues branches,
Nos pieds glissaient d'un pur et large mouvement.

Elle se retourna, doucement inquiète
De ne nous croire pas pleinement rassurés,
Mais nous voyant joyeux d'être ses préférés,
Elle reprit sa route et portait haut la tête.

Douvres-Ostende, à bord de la «Comtesse-de-Flandre»,
4 avril 1873.

Beams

Sie wollte über die Wogen des Meeres ziehen,
und da ein holder Wind um uns Erheitrung blies,
so schenkte sich jeder der Freude Paradies;
und nun müssen wir auf bittersten Wegen fliehen.

Vom Friedenhimmel blitzte hold und hoch die Sonne,
es war in ihrem blonden Haar Gestrahl und Gold.
Und auch dem Schritt, viel leiser als die Woge rollt,
vermochten wir zu folgen, o die Wonne!

Voll Weichheit war um uns der weißen Vögel Schweben;
die Segel neigten sich; sie waren fern und weiß.
Und oft umhuschten Algen uns in großem Kreis,
die Füße glitten durch ein breites Sich-erheben.

Sie wandte sich zurück, war plötzlich nimmer sicher.
Hat ihre Huld uns ganz und freundlich überzeugt?
Dann schritt sie fest dahin, den Kopf nicht mehr gebeugt,
wir zeigten ja die Freude, fast durch ein Gekicher.

Theodor Däubler

Sagesse | Weisheit

BON CHEVALIER MASQUÉ qui chevauche en silence,
Le Malheur a percé mon vieux cœur de sa lance.

Le sang de mon vieux cœur n'a fait qu'un jet vermeil,
Puis s'est évaporé sur les fleurs, au soleil.

L'ombre éteignit mes yeux, un cri vint à ma bouche
Et mon vieux cœur est mort dans un frisson farouche.

Alors le chevalier Malheur s'est rapproché,
Il a mis pied à terre et sa main m'a touché.

Son doigt ganté de fer entra dans ma blessure
Tandis qu'il attestait sa loi d'une voix dure.

Et voici qu'au contact glacé du doigt de fer
Un cœur me renaissait, tout un cœur pur et fier

Et voici que, fervent d'une candeur divine,
Tout un cœur jeune et bon battit dans ma poitrine !

Or je restais tremblant, ivre, incrédule un peu,
Comme un homme qui voit des visions de Dieu.

Mais le bon chevalier, remonté sur sa bête,
En s'éloignant, me fit un signe de la tête

Et me cria (j'entends *encore* cette voix) :
«Au moins, prudence ! Car c'est bon pour une fois.»

Voix de l'Orgueil : un cri puissant comme d'un cor,
Des étoiles de sang sur des cuirasses d'or.
On trébuche à travers des chaleurs d'incendie…
Mais en somme la voix s'en va, comme d'un cor.

VERMUMMTER GUTER REITER auf dem stillen rosse –
Das unglück traf mein altes herz mit dem geschosse.

Mein altes herzensblut in einem strahl entfuhr
Um zu verflüchten in dem lichte auf der flur.

Mein aug erlosch· ein schrei entfuhr aus meinem munde·
In wildem zucken ging mein altes herz zugrunde.

Der ritter Unglück hat indessen beigelenkt·
Ist abgestiegen· hat die hand auf mich gesenkt.

Sein finger erzumkleidet trat in meine wunde –
Er gab mit rauhem wort von seinem willen kunde.

Und sieh! kaum drang sein kalter eisenfinger ein
Ward mir ein neues herz – ein herz so stolz und rein.

Und sieh! erleuchtet wie von einem himmelsdochte
Ein herz so jung und gut in meinem busen pochte.

Noch blieb ich zitternd und zum zweifel noch geneigt
Wie einer dem der Herr im schlaf gesichte zeigt.

Er aber sass von neuem auf· der gute reiter·
Er nickte mit dem kopf herab und sprengte weiter.

Er schrie: – und seine stimme gellt mir noch im ohr –
Nun aber vorsicht! solches kommt nur einmal vor.

Stefan George

Die Stimmen

Stimme des Stolzes: Hornruf, der gewaltig hallt;
goldene Waffen, von Sternen aus Blut überstrahlt;
ein Taumeln mitten hindurch durch den Feuerbrand –
und zuletzt ist sie doch, gleichwie ein Hornruf, verhallt.

Voix de la Haine : cloche en mer, fausse, assourdie
De neige lente. Il fait si froid ! Lourde, affadie,
La vie a peur et court follement sur le quai
Loin de la cloche qui devient plus assourdie.

Voix de la Chair : un gros tapage fatigué.
Des gens ont bu. L'endroit fait semblant d'être gai.
Des yeux, des noms, et l'air plein de parfums atroces
Où vient mourir le gros tapage fatigué.

Voix d'Autrui : des lointains dans des brouillards. Des noces
Vont et viennent. Des tas d'embarras. Des négoces,
Et tout le cirque des civilisations
Au son trotte-menu du violon des noces.

Colères, soupirs noirs, regrets, tentations
Qu'il a fallu pourtant que nous entendissions
Pour l'assourdissement des silences honnêtes,
Colères, soupirs noirs, regrets, tentations,

Ah, les Voix, mourez donc, mourantes que vous êtes,
Sentences, mots en vain, métaphores mal faites,
Toute la rhétorique en fuite des péchés,
Ah, les Voix, mourez donc, mourantes que vous êtes !

Nous ne sommes plus ceux que vous auriez cherchés.
Mourez à nous, mourez aux humbles vœux cachés
Que nourrit la douceur de la Parole forte,
Car notre cœur n'est plus de ceux que vous cherchez !

Mourez parmi la voix que la Prière emporte
Au ciel, dont elle seule ouvre et ferme la porte
Et dont elle tiendra les sceaux au dernier jour,
Mourez parmi la voix que la Prière apporte,

Mourez parmi la voix terrible de l'Amour !

Stimme des Hasses: Glocke im Meer, tonlos und dumpf
wie von Schneefall gedämpft, eiskalt, schwer, stumpf.
Wo das Leben sie hört, flieht es irr hin am Strand
vor der Glocke, die tiefer versinkt, tonlos und dumpf.

Stimme des Fleisches: ein Lärm, müde, murrend und roh.
Leute haben getrunken. Der Ort scheint froh.
Aber Augen, Worte und Luft sind voll Ekeldunst,
in dem der Lärm hinstirbt, müde, murrend und roh.

Stimme der andern: weiter im Nebel. Hochzeitszüge
kommen und gehen. Stockender Wirrwarr. Handel und Kriege
und der uralte Kreis der Sitten und Bräuche
kommen mit zur Schrittengeige der Hochzeitszüge.

Wogen des Zorns, dunkle Seufzer, Versuchung, Verzicht,
die wir hören mußten, ob gern oder nicht,
um zu übertäuben das ehrbare Schweigen umher –
Wogen des Zorns, dunkle Seufzer, Versuchung, Verzicht!

O ihr Stimmen, sterbt! da ihr sterbend schon seid!
leere Worte ihr! falsche Vergleiche! trügendes Kleid
einer Redekunst, die vor den Sünden flieht –
O ihr Stimmen, sterbt! da ihr sterbend schon seid!

Wie ihr uns suchen würdet, sind wir nun nicht mehr, nein
Sterbt uns! Sterbt vor Wünschen, verborgen, bescheiden und
klein,
die die Süße des starken Wortes ernährt und erhält!
Wie ihr unser Herz sucht, darf es jetzt nicht mehr sein.

Sterbt im Hall der Stimme, die das Gebet empor
zum Himmel trägt, die allein öffnet und schließt ein Tor,
die sein Siegel führt einst in des Jüngsten Gerichtes Not,
sterbt in ihrem Hall, die das Gebet trägt empor,

in der furchtbaren Stimme der Liebe sterbt den Tod!

Wilhelm von Scholz

Gaspard Hauser chante :

Je suis venu, calme orphelin,
Riche de mes seuls yeux tranquilles,
Vers les hommes des grandes villes :
Ils ne m'ont pas trouvé malin.

À vingt ans un trouble nouveau,
Sous le nom d'amoureuses flammes,
M'a fait trouver belles les femmes :
Elles ne m'ont pas trouvé beau.

Bien que sans patrie et sans roi
Et très brave ne l'étant guère,
J'ai voulu mourir à la guerre :
La mort n'a pas voulu de moi.

Suis-je né trop tôt ou trop tard ?
Qu'est-ce que je fais en ce monde ?
Ô vous tous, ma peine est profonde :
Priez pour le pauvre Gaspard !

Gaspard Hauser chante :

Je suis venu, calme orphelin,
Riche de mes seuls yeux tranquilles,
Vers les hommes des grandes villes :
Ils ne m'ont pas trouvé malin.

À vingt ans un trouble nouveau,
Sous le nom d'amoureuses flammes,
M'a fait trouver belles les femmes :
Elles ne m'ont pas trouvé beau.

Kaspar Hauser singt:

Sanften blickes ein stiller waise
Zu großer städte getös
Kam ich auf meiner reise –
Niemand nannte mich bös.

Im zwanzigsten jahre ein grauen
(Man heißt es auch liebesglut)
Gab mir die schönheit der frauen –
Sie waren mir nicht gut.

Wenngleich ohne heimat und erben
Wenngleich ich für tapfer nicht golt
Im kriege wollt ich sterben:
Der tod hat mich nicht gewollt.

Kam ich zu spät· zu frühe?
Ich weiß nicht wie mirs ergeht.
O ihr all! schwer ist meine mühe –
Sprecht für mich ein gebet!

Stefan George

Caspar Hauser singt:

Als schlichter Waise, reich genug
An meiner Augen stillem Scheine,
Kam ich zur Stadt, fremd und alleine,
Die Männer fanden mich nicht klug.

Mit zwanzig Jahren wurde ich
Im Feuer der verliebten Sinne
Der Weiber süsser Schönheit inne:
Doch freilich schön fand keine mich.

Bien que sans patrie et sans roi
Et très brave ne l'étant guère,
J'ai voulu mourir à la guerre :
La mort n'a pas voulu de moi.

Suis-je né trop tôt ou trop tard ?
Qu'est-ce que je fais en ce monde ?
Ô vous tous, ma peine est profonde :
Priez pour le pauvre Gaspard !

LE CIEL EST, PAR-DESSUS LE TOIT,
    Si bleu, si calme !
Un arbre, par-dessus le toit,
    Berce sa palme.

La cloche, dans le ciel qu'on voit,
    Doucement tinte.
Un oiseau sur l'arbre qu'on voit
    Chante sa plainte.

Mon Dieu, mon Dieu, la vie est là,
    Simple et tranquille.
Cette paisible rumeur-là
    Vient de la ville.

– Qu'as-tu fait, ô toi que voilà
    Pleurant sans cesse,
Dis, qu'as-tu fait, toi que voilà,
    De ta jeunesse ?

Wenn auch in keines Königs Sold,
Ich Heimatloser Ruhm erworben,
Wär' gern ich doch im Krieg gestorben,
Doch hat der Tod mich nicht gewollt.

Kam ich zu früh, kam ich zu spät
In diese Welt voll herber Trauer?
Was soll mir, ach, des Lebens Dauer?
Denkt an mich Armen im Gebet!

Wolf von Kalckreuth

DER HIMMEL ÜBERM DACHE LIEGT
   In Schein und Schweigen,
Ein Baum sich überm Dache wiegt
   In seinen Zweigen.

Die Glocke, hoch im Raum zu sehn,
   Läutet zage.
Ein Vogel zirpt, im Baum zu sehn,
   Seine Klage.

Mein Gott, dort ist das Leben, so
   Einfach umzogen,
Von dort kommt an mein Gitter froh
   Stadtlärm geflogen.

Und du hier, warum mußt du weinen
   Tag und Nacht?
Sag, du hier, was hast du mit deiner
   Jugend gemacht.

Alfred Wolfenstein

Le ciel est, par-dessus le toit,
    Si bleu, si calme !
Un arbre, par-dessus le toit,
    Berce sa palme.

La cloche, dans le ciel qu'on voit,
    Doucement tinte.
Un oiseau sur l'arbre qu'on voit
    Chante sa plainte.

Mon Dieu, mon Dieu, la vie est là,
    Simple et tranquille.
Cette paisible rumeur-là
    Vient de la ville.

– Qu'as-tu fait, ô toi que voilà
    Pleurant sans cesse,
Dis, qu'as-tu fait, toi que voilà,
    De ta jeunesse ?

LE SON DU COR s'afflige vers les bois
D'une douleur on veut croire orpheline
Qui vient mourir au bas de la colline
Parmi la bise errant en courts abois.

L'âme du loup pleure dans cette voix
Qui monte avec le soleil qui décline
D'une agonie on veut croire câline
Et qui ravit et qui navre à la fois.

Pour faire mieux cette plainte assoupie,
La neige tombe à longs traits de charpie
À travers le couchant sanguinolent,

Im Gefängnis

Der Himmel, drüben über dem Dach
　　in tiefblauem Schweigen,
ein Baum, drüben über dem Dach
　　mit wiegenden Zweigen.

In dem Himmel, den man sieht,
　　klingts wie von Glocken,
ein Vogel auf dem Baum, den man sieht,
　　singt sein Frohlocken.

Mein Gott, mein Gott so friedlich und schön!
　　d a s dort ist Leben!
in der Stadt drüben dieses frohe Getön
　　und Summen und Weben.

Und du, der du hier weinst,
　　durchs Gitter lugend,
was hast du gemacht, sag, der du hier weinst,
　　mit deiner Jugend?

Cäsar Flaischlen

DER TON DES WALDHORNS wehklagt bis ins Tal,
Als riefe ein verwaistes Herz darin,
Und stirbt am Fuß des Hügels schmerzlich hin,
Vom Windstoß aufgefangen jedesmal.

Des Wolfes Seele weint in dieser Qual,
Die sich zum Himmel hebt, wo zu Beginn
Des Winters nun wie ein verträumter Sinn
Die Sonne sinkt, erdabgewandt und fahl.

Damit gedämpfter klinge jenes Weh,
Fällt langsam wie ein weicher Vorhang, Schnee,
Dahinter matter Glanz verdämmernd liegt;

Et l'air a l'air d'être un soupir d'automne,
Tant il fait doux par ce soir monotone
Où se dorlote un paysage lent.

L'ÉCHELONNEMENT DES HAIES
Moutonne à l'infini, mer
Claire dans le brouillard clair
Qui sent bon les jeunes baies.

Des arbres et des moulins
Sont légers sur le vert tendre
Où vient s'ébattre et s'étendre
L'agilité des poulains.

Dans ce vague d'un Dimanche
Voici se jouer aussi
De grandes brebis aussi
Douces que leur laine blanche.

Tout à l'heure déferlait
L'onde, roulée en volutes,
De cloches comme des flûtes
Dans le ciel comme du lait.

Stickney, 75.

C'EST LA FÊTE DU BLÉ, c'est la fête du pain
Aux chers lieux d'autrefois revus après ces choses !
Tout bruit, la nature et l'homme, dans un bain
De lumière si blanc que les ombres sont roses.

Und wie ein Seufzer wird die Luft zuletzt,
So laulich hat der Abend sie benetzt,
In den ein stilles Dorf sich schläfrig schmiegt.

Hedwig Lachmann

DIE WELL'GEN HÖHN DES LANDES
Gehn endlos bis zur Flut,
Die klar-verschleiert ruht
Im jungen Duft des Strandes.

Auf zartem Grün stehn leicht
Die Mühlen und die Bäume,
Wo flink die weiten Räume
Der Füllen Lauf durchstreicht.

Der helle, ruhevolle
Sonntag erblickt im Spiel
Der weissen Schafe viel
Sanft in der lichten Wolle.

Die See rollt weissbekränzt
Ihr brandend Flutgewimmel
Mit Flötenklang zum Himmel,
Der hell wie Milch erglänzt.

Wolf von Kalckreuth

Weisheit

ES IST DAS FEST DES KORNS, des Brotes Fest
Im lieben Land von einst, nach manchen Leiden.
Rings lärmt Natur und Mensch, und alle weiden
Im Licht so weiß, daß es die Schatten rosig läßt.

L'OR DES PAILLES S'EFFONDRE au vol siffleur des faux
Dont l'éclair plonge, et va luire, et se réverbère.
La plaine, tout au loin couverte de travaux.
Change de face à chaque instant, gaie et sévère.

Tout halète, tout n'est qu'effort et mouvement
Sous le soleil, tranquille auteur des moissons mûres,
Et qui travaille encore, imperturbablement,
À gonfler, à sucrer – là-bas ! – les grappes sûres.

Travaille, vieux soleil, pour le pain et le vin,
Nourris l'homme du lait de la terre, et lui donne
L'honnête verre où rit un peu d'oubli divin…
Moissonneurs, – vendangeurs là-bas ! – votre heure est bonne !

Car sur la fleur des pains et sur la fleur des vins,
Fruit de la force humaine en tous lieux répartie,
Dieu moissonne, et vendange, et dispose à ses fins
La Chair et le Sang pour le calice et l'hostie !

Fampoux, 77.

GOLDÄHRE SCHMILZT im Sensenpfiffe rund,
Der sinkt und aufblinkt, Feuer wird die Garbe.
Bedeckt mit Arbeit wandeln ihre Farbe
Die Felder alle Augenblicke, ernst und bunt.

Das keucht und strengt sich an, und mütterlich
Seht über solcher Reife wuchtig schweben
Die Sonne. Und sie schwellt und süßt die Reben
Und arbeitet noch unerschütterlich.

So schaff uns, alte Sonne, Brot und Wein!
Schenk Milch der Erde, laß den Menschen essen!
In redlich Glas füll göttliches Vergessen:
Gut muß der Schnitter und der Winzer Stunde sein!

Denn von der Menschen Müh, die nirgends ruht,
Allüberall von Brot und Wein die Blume
Nimmt Gott. So erntet er zu seinem Ruhme
Und er verteilt für Kelch und Hostie Fleisch und Blut.

Alfred Wolfenstein

Jadis et Naguère | Unlängst und einst

Kaléidoscope

À Germain Nouveau

Dans une rue, au cœur d'une ville de rêve,
Ce sera comme quand on a déjà vécu :
Un instant à la fois très vague et très aigu…
Ô ce soleil parmi la brume qui se lève !

Ô ce cri sur la mer, cette voix dans les bois !
Ce sera comme quand on ignore des causes :
Un lent réveil après bien des métempsychoses :
Les choses seront plus les mêmes qu'autrefois

Dans cette rue, au cœur de la ville magique
Où des orgues moudront des gigues dans les soirs,
Où les cafés auront des chats sur les dressoirs,
Et que traverseront des bandes de musique.

Ce sera si fatal qu'on en croira mourir :
Des larmes ruisselant douces le long des joues,
Des rires sanglotés dans le fracas des roues,
Des invocations à la mort de venir,

Des mots anciens comme un bouquet de fleurs fanées !
Les bruits aigres des bals publics arriveront,
Et des veuves avec du cuivre après leur front,
Paysannes, fendront la foule des traînées

Qui flânent là, causant avec d'affreux moutards
Et des vieux sans sourcils que la dartre enfarine,
Cependant qu'à deux pas, dans des senteurs d'urine,
Quelque fête publique enverra des pétards.

Ce sera comme quand on rêve et qu'on s'éveille !
Et que l'on se rendort et que l'on rêve encor
De la même féerie et du même décor,
L'été, dans l'herbe, au bruit moiré d'un vol d'abeille.

Kaleidoskop

Für Germain Nouveau

Irgendwo in einer Stadt im Traume
Ist es so, als ob man schon gelebt:
Einen Augenblick im schwanken Raume –
Sonne da im Nebel, der sich hebt!

Stimme vom Gehölz und Ruf vom Meer!
Wie ein Grund, auf dem du nicht erscheinst;
Wie aus langem Schlaf die Wiederkehr
Deiner Seele: und nicht mehr wie einst

Sind die Dinge an dem magischen Orte,
Wo des Abends Orgeln Tänze hämmern,
Katzen in Cafés auf Tischen dämmern,
Und Musik durchzieht Gewölb und Pforte.

So beschwerend alles, daß man weint:
Tränen leis an Wangen und Geäder,
Schluchzend Lachen im Geknirsch der Räder
Und Beschwörung, daß der Tod erscheint;

Altes Wort wie ein verwelkter Blumenstrauß!
Das Geräusch der Bälle grell und Schein von Lichtern,
Witwen drängen sich mit kupfernen Gesichtern,
Bäuerinnen, durch der Bummler Schwarm hinaus,

Der da schwatzt mit Kindern, schlimmen Flüchen,
Greisen, wimperlos, von Flechten weiß geschalt,
Während drüben in Uringerüchen
Eine Volksbelustigung mit Fröschen knallt.

So als träumt man und erwacht des Trugs
Und schläft wieder ein und träumt noch immer
Von dem gleichen Flor, vom gleichen Schimmer;
Sommer, Gras und Seide eines Bienenflugs.

Walter Hasenclever

Art poétique

À Charles Morice

De la musique avant toute chose,
Et pour cela préfère l'Impair
Plus vague et plus soluble dans l'air,
Sans rien en lui qui pèse ou qui pose.

Il faut aussi que tu n'ailles point
Choisir tes mots sans quelque méprise :
Rien de plus cher que la chanson grise
Où l'Indécis au Précis se joint.

C'est des beaux yeux derrière des voiles,
C'est le grand jour tremblant de midi,
C'est, par un ciel d'automne attiédi,
Le bleu fouillis des claires étoiles !

Car nous voulons la Nuance encor,
Pas la Couleur, rien que la nuance !
Oh ! la nuance seule fiance
Le rêve au rêve et la flûte au cor !

Fuis du plus loin la Pointe assassine,
L'Esprit cruel et le Rire impur,
Qui font pleurer les yeux de l'Azur,
Et tout cet ail de basse cuisine !

Prends l'éloquence et tords-lui son cou !
Tu feras bien, en train d'énergie,
De rendre un peu la Rime assagie.
Si l'on n'y veille, elle ira jusqu'où ?

Ô qui dira les torts de la Rime ?
Quel enfant sourd ou quel nègre fou
Nous a forgé ce bijou d'un sou
Qui sonne creux et faux sous la lime ?

Dichtkunst

Für Charles Morice

Musik sei dein Lied vor allen Dingen!
Drum ziehe vor, was noch unbestimmt
Sich löst in der Luft, verweht, verschwimmt,
Und nichts beschwere je seine Schwingen.

Du sollst auch nie das, was du gemeint,
Gar zu genau in die Worte zwingen:
Nichts holder als das trunkene Singen,
Darin sich Dunkles mit Deutlichem eint.

Sieh schöne Augen hinter den Schleiern,
Sieh hellen Mittags zitterndes Licht,
Den Herbsteshimmel, wenn ihn durchbricht
Im Blau der Sterne strahlendes Feiern!

Wir wollen die leisen Schatten: kaum
Die Farben, immer die zarten Schatten.
O laß im Schatten allein sich gatten
Die Flöte dem Horn, den Traum dem Traum!

Du sollst den tödlichen Witz nicht leiden,
Den grausamen Geist, der schmutzig lacht,
Die Augen des Himmels weinen macht,
Sollst schäbiger Küchen Lauch vermeiden,

Sollst Rednerkünsten den Hals umdrehn!
Du tust auch gut, mit kräftigem Zügel
Zu zähmen leise des Reimes Flügel,
Der leicht kann sonstwohin mit dir gehn.

Was sündigt der Reim an unseren Zeilen!
Welch Mohrentropf, welcher Kindsverstand
Wars, der dies billige Kleinod fand,
Das hohl und falsch sich erweist beim Feilen?

De la musique encore et toujours !
Que ton vers soit la chose envolée
Qu'on sent qui fuit d'une âme en allée
Vers d'autres cieux à d'autres amours.

Que ton vers soit la bonne aventure
Éparse au vent crispé du matin
Qui va fleurant la menthe et le thym…
Et tout le reste est littérature.

Art poétique

À Charles Morice

De la musique avant toute chose,
Et pour cela préfère l'Impair
Plus vague et plus soluble dans l'air,
Sans rien en lui qui pèse ou qui pose.

Il faut aussi que tu n'ailles point
Choisir tes mots sans quelque méprise :
Rien de plus cher que la chanson grise
Où l'Indécis au Précis se joint.

C'est des beaux yeux derrière des voiles,
C'est le grand jour tremblant de midi,
C'est, par un ciel d'automne attiédi,
Le bleu fouillis des claires étoiles !

Car nous voulons la Nuance encor,
Pas la Couleur, rien que la nuance !
Oh! la nuance seule fiance
Le rêve au rêve et la flûte au cor !

Fuis du plus loin la Pointe assassine,
L'esprit cruel et le Rire impur,
Qui font pleurer les yeux de l'Azur,
Et tout cet ail de basse cuisine !

Und nochmals: Musik sei dein Gedicht!
Laß vogelleicht deinen Vers sich heben:
Man spürt eine Seele im Entschweben
Zu neuer Liebe, höherem Licht.

Dein Vers sei ein Wagnis: laß ihn nur
Verklingen im Wehn der Morgenluft,
Erfüllt von Minz- und Thymianduft ...
Und alles andre ist Literatur.

Wilhelm Willige

Dichtkunst

Du sollst es nicht nach Regeln zwingen,
laß dein Gedicht im Winde wehn,
laß es gelöst zu Hauch zergehn:
Musik, Musik vor allen Dingen!

Wähl nicht das Wort! Mag sich verbinden,
was sich begegnet ungefähr!
Was nüchtern steht, ist plump und schwer.
Laßt uns berauschte Lieder finden.

Augen wie Schleier, sie verstecken
den Mittag, wie sein Schweigen schwingt,
das Licht, wie's in der Nacht ertrinkt:
das wollen wir im Wort erwecken.

Wir wollen Farbe nicht, nur Schatten,
den leisen feinen Übergang,
die Schwingungen, den halben Klang,
daß Träume sich mit Träumen gatten.

Wie Gift meid schnöden Witz und »Geist«,
flieh die verruchten Mörder »Spitzen«,
darauf gespießte Silben sitzen,
den Knoblauch, der die andern speist.

Prends l'éloquence et tords-lui son cou !
Tu feras bien, en train d'énergie,
De rendre un peu la Rime assagie.
Si l'on n'y veille, elle ira jusqu'où ?

Ô qui dira les torts de la Rime ?
Quel enfant sourd ou quel nègre fou
Nous a forgé ce bijou d'un sou
Qui sonne creux et faux sous la lime ?

De la musique encore et toujours !
Que ton vers soit la chose envolée
Qu'on sent qui fuit d'une âme en allée
Vers d'autres cieux à d'autres amours.

Que ton vers soit la bonne aventure
Éparse au vent crispé du matin
Qui va fleurant la menthe et le thym...
Et tout le reste est littérature.

Vers pour être calomnié

À Charles Vignier

Ce soir je m'étais penché sur ton sommeil.
Tout ton corps dormait chaste sur l'humble lit,
Et j'ai vu, comme un qui s'applique et qui lit,
Ah ! j'ai vu que tout est vain sous le soleil !

Qu'on vive, ô quelle délicate merveille,
Tant notre appareil est une fleur qui plie !
Ô pensée aboutissant à la folie !
Va, pauvre, dors ! Moi, l'effroi pour toi m'éveille.

Ah ! misère de t'aimer, mon frêle amour
Qui vas respirant comme on expire un jour !
Ô regard fermé que la mort fera tel !

Das Rückgrat brich der Rednerei
und halte deinen Reim im Zügel,
er trägt dich sonst mit frechem Flügel
in Schäferwölkchenbimmelei.

Wer wird ihm die Epistel lesen,
den taub ein Kind, ein Neger fand
und uns vererbt als Unterpfand,
daß taub und blöd ein Mohr gewesen!

Noch einmal denn: Musik! und nur
Musik! Und sei dein Vers die Seele,
die sich wie eines Vogels Kehle
tönend verbreitet im Azur.

Und sei dein Vers, wie durch die Saaten
im Morgentau der Frühlingswind
mit zärtlichem Geriesel rinnt ...
der Rest gehört den Literaten!

Richard Schaukal

Verse, um verflucht zu sein

Für Charles Vignier

Heut abend hab ich mich zu deinem Schlaf gebeugt.
So keusch schlief da dein Leib auf armer Liegestatt.
Da sah ich – wie ein Leser über seinem Blatt –,
Daß alles eitel ist, was doch die Erde zeugt.

O welch ein Wunder, da zu sein auf dieser Welt,
Solang man noch den Blütenknospen gleicht!
Gedanke, der bis an den Wahnsinn reicht!
Schlaf, Kind! Die Angst um dich ists, die mich wach erhält!

Ach – dich zu lieben! Liebstes, wie so zag
Du atmest: so verhaucht man ja am letzten Tag!
O Blick, geschloßner, was tut einst der Tod dir an!

Ô bouche qui ris en songe sur ma bouche,
En attendant l'autre rire plus farouche !
Vite, éveille-toi ! Dis, l'âme est immortelle ?

La Soupe du soir

À J.-K. Huysmans

Il fait nuit dans la chambre étroite et froide où l'homme
Vient de rentrer, couvert de neige, en blouse, et comme
Depuis trois jours il n'a pas prononcé deux mots,
La femme a peur et fait des signes aux marmots.

Un seul lit, un bahut disloqué, quatre chaises,
Des rideaux jadis blancs conchiés des punaises,
Une table qui va s'écroulant d'un côté, –
Le tout navrant avec un air de saleté.

L'homme, grand front, grands yeux pleins d'une sombre flamme
A vraiment des lueurs d'intelligence et d'âme
Et c'est ce qu'on appelle un solide garçon.
La femme, jeune encore, est belle à sa façon.

Mais la Misère a mis sur eux sa main funeste,
Et perdant par degrés rapides ce qui reste
En eux de tristement vénérable et d'humain,
Ce seront la femelle et le mâle, demain.

Tous se sont attablés pour manger de la soupe
Et du bœuf, et ce tas sordide forme un groupe
Dont l'ombre à l'infini s'allonge tout autour
De la chambre, la lampe étant sans abat-jour.

Les enfants sont petits et pâles, mais robustes
En dépit des maigreurs saillantes de leurs bustes
Qui disent les hivers passés sans feu souvent
Et les étés subis dans un air étouffant.

O Mund, du lachst im Traum an meinem Munde:
Für andres, wildres Lachen schlägt dir noch die Stunde.
Wach auf! Schnell! Sag: ob auch die Seele sterben kann?

Felix Braun

Die Abendsuppe

Für J.-K. Huysmans

Die Stube füllt der Dämmrung kalter Schleim,
Der Mann kommt in beschneiter Bluse heim
Und redet, wie seit Tagen schon, kein Wort,
Die Frau winkt scheu die Kinder von ihm fort.

Ein Bett, vier Stühle, ausgerenkte Kisten,
Im Fenster Lappen, wo die Wanzen nisten,
Am Boden Abfall morschen Mauerputzes
Und überall der dunkle Schnee des Schmutzes.

Die Stirn des Mannes ist recht hoch und rein,
Die Augen groß, er hat noch manchen Schein
Von kräftigem Geist und Herzen sich bewahrt,
Die Frau, noch jung, ist schön auf ihre Art.

Doch Elend legt die Hand auf seine Leute,
Und lebt noch Menschliches an ihnen heute,
Wird Armut morgen jeden Glanz vertreiben,
Ein männlich Tier, ein weiblich Tier wird bleiben.

Nun sitzen alle, schlingen Suppe ein
Und Fleisch, in düstrer Gruppe, Bein an Bein,
Ihr Schatten dehnet sich gezackt und breit
Durchs Zimmer hin bis zur Unendlichkeit.

Die Kinder, zähe, sind doch klein und mager,
Ihr Körperchen erzählt vom rohen Lager,
Von Wintern ohne Feuer, dünn die Decke,
Von Sommern, seufzend in der stickigen Ecke.

Non loin d'un vieux fusil rouillé qu'un clou supporte
Et que la lampe fait luire d'étrange sorte,
Quelqu'un qui chercherait longtemps dans ce retrait
Avec l'œil d'un agent de police verrait

Empilés dans le fond de la boiteuse armoire,
Quelques livres poudreux de «science» et «d'histoire»,
Et sous le matelas, cachés avec grand soin,
Des romans capiteux cornés à chaque coin.

Ils mangent cependant. L'homme, morne et farouche,
Porte la nourriture écœurante à sa bouche
D'un air qui n'est rien moins nonobstant que soumis,
Et son eustache semble à d'autres soins promis.

La femme pense à quelque ancienne compagne,
Laquelle a tout, voiture et maison de campagne,
Tandis que les enfants, leurs poings dans leurs yeux clos,
Ronflant sur leur assiette imitent des sanglots.

Les Vaincus

À Louis-Xavier de Ricard

1

La Vie est triomphante et l'Idéal est mort,
Et voilà que, criant sa joie au vent qui passe,
Le cheval enivré du vainqueur broie et mord
Nos frères, qui du moins tombèrent avec grâce.

Et nous que la déroute a fait survivre, hélas !
Les pieds meurtris, les yeux troubles, la tête lourde,
Saignants, veules, fangeux, déshonorés et las,
Nous allons, étouffant mal une plainte sourde,

Die Lampe leuchtet ohne Schirm umher,
Blinkt seltsam in dem rostigen Gewehr
Am Nagel dort. Und forschte einer nach
Mit Polizistenblick, kann er im Fach

Ein paar verstaubte Bücher noch ermitteln
(Geschichte, Wissenschaft, steht in den Titeln)
Und Schundromane, gut versteckt in Kissen,
Mit Eselsohren und von Hast zerrissen.

Sie essen noch. Der Mann, betrübt und wild,
Voll übler Kost, die keinen Hunger stillt,
Erhebt sein Antlitz, gar nicht fromm ergeben,
Sein Messer denkt wie an ein andres Leben –

Von einer Jugendfreundin träumt die Frau,
Die hat nun Villa, Wagen gold und blau –
Die Kinder, Ärmchen um den Kopf gerankt,
Schnarchen am Tisch, daß er wie schluchzend schwankt.

Alfred Wolfenstein

Die Besiegten

Für Louis-Xavier de Ricard

1

Das Leben triumphiert, das Ideal ist tot,
Und wiehernd in den Wind, von jäher Freude trunken,
Zerknirscht des Siegers Pferd und stampft in blutgen Kot
Die Brüder, die mit stolzem Anstand hingesunken.

Und wir, die überlebt die Niederlage, ach!
Die Füße wund, den Blick verweint, das Haupt zerschlagen,
Beschmutzt, ermattet, blutend, ehrberaubt und schwach
Gehn wir, und kaum ersticken wir die dumpfen Klagen.

Nous allons, au hasard du soir et du chemin,
Comme les meurtriers et comme les infâmes,
Veufs, orphelins, sans toit, ni fils, ni lendemain,
Aux lueurs des forêts familières en flammes !

Ah ! puisque notre sort est bien complet, qu'enfin
L'espoir est aboli, la défaite certaine,
Et que l'effort le plus énorme serait vain,
Et puisque c'en est fait, même de notre haine,

Nous n'avons plus, à l'heure où tombera la nuit,
Abjurant tout risible espoir de funérailles,
Qu'à nous laisser mourir obscurément, sans bruit,
Comme il sied aux vaincus des suprêmes batailles.

2

Une faible lueur palpite à l'horizon
Et le vent glacial qui s'élève redresse
Le feuillage des bois et les fleurs du gazon ;
C'est l'aube ! tout renaît sous sa froide caresse.

De fauve l'Orient devient rose, et l'argent
Des astres va bleuir dans l'azur qui se dore ;
Le coq chante, veilleur exact et diligent ;
L'alouette a volé, stridente : c'est l'aurore !

Éclatant, le soleil surgit : c'est le matin !
Amis, c'est le matin splendide dont la joie
Heurte ainsi notre lourd sommeil, et le festin
Horrible des oiseaux et des bêtes de proie.

Ô prodige ! en nos cœurs le frisson radieux
Met à travers l'éclat subit de nos cuirasses,
Avec un violent désir de mourir mieux,
La colère et l'orgueil anciens des bonnes races.

Wir gehen immerfort den Weg, der düster droht,
Wie Mörder und Geächtete sind wir entflohen,
Verwaist, verwitwet, ohne Kind noch Morgenrot
Beim Schein der lieben Wälder, die in Flammen lohen.

Nun, weil sich unser Los vollendet, weil ihr wißt,
Daß alle Hoffnung aus und gänzlich wir verlassen,
Daß auch die größte Mühsal leer und eitel ist,
Daß es am Ende ist mit allem unserm Hassen,

So brauchen wir zur Stunde, da es nachten will,
Die wir die eitle Hoffnung auf ein Grab verachten,
Nur noch im Dunkel sterben, ungesehn und still,
Wie es Besiegten ziemt nach so gewaltgen Schlachten.

2

Es zittert fern am Horizont ein schwacher Glanz;
Der Wind erhebt sich und erfrischt mit eisgem Wehen
Das Laub der Wälder und das Blühn des Wiesenlands;
Des Frührots kalter Gruß läßt alles neu erstehen.

Der Osten fern erglüht, bleich wird die Silberbahn
Der Sterne, die im Gold des Äthers bald verborgen.
Ein froher Wächter ruft zur guten Zeit, der Hahn,
Hell schmetternd steigt die Lerche auf: das ist der Morgen.

Die Sonne bricht im Glanz hervor: das ist der Tag,
Der Tag, ihr Freunde, dessen freudger Strahl die Schleier
Vom dumpfen Schlummer hebt, dem unsre Schar erlag,
Und der vom Fraße scheucht die Wölfe und die Geier.

Und wunderbar! Der Strahl, der durch den Küraß drang,
Und durch das Erz ins Herz erneut die Kraft zum Hasse,
Die brennende Begier zu beßrem Untergang,
Den alten Zorn und Stolz von jeder edlen Rasse.

Allons, debout ! allons, allons ! debout, debout !
Assez comme cela de hontes et de trêves !
Au combat, au combat ! car notre sang qui bout
A besoin de fumer sur la pointe des glaives !

Langueur

À Georges Courteline

Je suis l'Empire à la fin de la décadence,
Qui regarde passer les grands Barbares blancs
En composant des acrostiches indolents
D'un style d'or où la langueur du soleil danse.

L'âme seulette a mal au cœur d'un ennui dense.
Là-bas on dit qu'il est de longs combats sanglants.
Ô n'y pouvoir, étant si faible aux vœux si lents,
Ô n'y vouloir fleurir un peu cette existence !

Ô n'y vouloir, ô n'y pouvoir mourir un peu !
Ah ! tout est bu ! Bathylle, as-tu fini de rire ?
Ah ! tout est bu, tout est mangé ! Plus rien à dire !

Seul, un poème un peu niais qu'on jette au feu,
Seul, un esclave un peu coureur qui vous néglige,
Seul, un ennui d'on ne sait quoi qui vous afflige !

Crimen amoris

À Villiers de l'Isle-Adam

Dans un palais, soie et or, dans Ecbatane,
De beaux démons, des Satans adolescents,
Au son d'une musique mahométane,
Font litière aux Sept Péchés de leur cinq sens.

Aufrecht voran! Aufrecht voran und vorwärts! Mut!
Genug des Zauderns, dem wir schmachvoll unterlegen,
Zum Kampf! Zum Kampf! Denn unser wildes, heißes Blut
Soll rauchen auf der Schneide der gezückten Degen!

Wolf von Kalckreuth

Ich bin das Kaiserreich an seiner letzten Wende,
An dem vorbeizieht der Barbaren blonde Flut,
Das Akrostychen sinnt, auf denen müde ruht
Ein spätes Sonnenlicht, wie flimmernd Goldgeblende.

Die kranke Seele fühlt mit dumpfem Weh das Ende.
Dort unten, sagt man, strömt in schweren Kämpfen Blut.
O nicht dabei zu sein! So schwach und lahm der Mut,
O dass das Leben nicht so blütenlos entschwände!

O ernstes Wollen nicht, noch wahre Kraft zum Tod!
Getrunken alles. Endest du Bathyll dein Lachen?
Getrunken alles und verzehrt – nichts mehr zu machen.

Ein eitel Lied nur, wert, dass es in Feuer loht,
Ein wenig Ärger mit der Sklaven Schar, der trägen,
Ein Rest von Schmerz und Müdigkeit, wer weiss, weswegen.

Wolf von Kalckreuth

Crimen amoris

Für Villiers de l'Isle-Adam

Hoch auf Ekbatana blickt ein Palast,
Wo Jung-Satane, herrliche Dämonen,
Musikumbuhlt, in Gold- und Seidenglast
Den Sieben Sünden orgiastisch fronen.

C'est la fête aux Sept Péchés : ô qu'elle est belle !
Tous les Désirs rayonnaient en feux brutaux ;
Les Appétits, pages prompts que l'on harcèle,
Promenaient des vins roses dans des cristaux.

Des danses sur des rhythmes d'épithalames
Bien doucement se pâmaient en longs sanglots,
Et de beaux chœurs de voix d'hommes et de femmes
Se déroulaient, palpitaient comme des flots,

Et la bonté qui s'en allait de ces choses
Était puissante et charmante tellement
Que la campagne autour se fleurit de roses
Et que la nuit paraissait en diamant.

Ô, le plus beau d'entre tous ces mauvais anges
Avait seize ans sous sa couronne de fleurs.
Les bras croisés sur les colliers et les franges,
Il rêve, l'œil plein de flammes et de pleurs.

En vain la fête autour se faisait plus folle,
En vain les Satans, ses frères et ses sœurs,
Pour l'arracher au souci qui le désole,
L'encourageaient d'appels de bras caresseurs :

Il résistait à toutes câlineries,
Et le chagrin mettait un papillon noir
À son cher front tout brûlant d'orfèvreries.
Ô l'immortel et terrible désespoir !

Il leur disait: «Ô vous, laissez-moi tranquille !»
Puis, les ayant baisés tous bien tendrement,
Il s'évada d'avec eux d'un geste agile,
Leur laissant aux mains des pans de vêtement.

Le voyez-vous sur la tour la plus céleste
Du haut palais avec une torche au poing ?
Il la brandit comme un héros fait d'un ceste :
D'en bas on croit que c'est une aube qui point.

Wie schön war dieses Sündenbacchanal!
Die Lüste sämtlich, wie sie feurig glänzten!
Wie Edelknaben eilten durch den Saal
Begierden, die den rosgen Wein kredenzten!

Auf Rhythmen schwebte, lachend zum Genuß,
Der Tanz, ein süßes seufzendes Verlangen,
Melodisch wogte, wiegte sich der Fluß
Der Chöre, welche Frauen und Männer sangen.

Und diese Dinge hatten eine Macht,
Die so zu einer Wunderwelt entrückte,
Daß wie mit Diamanten sich die Nacht
Und daß die Flur sich rings mit Rosen schmückte.

Die bösen Engel überstrahlend stand
Ein Sechzehnjährger, den sein Kranz umblühte,
Verträumt, die Arme überm Goldgewand,
Das Aug voll Tränen, drins wie Flammen glühte.

Umsonst wird immer wirbelnder das Fest,
Umsonst, daß die satanischen Genossen,
Damit ihn endlich, was ihn härmt, verläßt,
Mit Armen locken, zärtlich aufgeschlossen;

Denn ihn verführt kein Schmeicheln und kein Girrn,
Ein schwarzer Falter sitzt ihm unbeweglich
Auf holder, diademgeschmückter Stirn:
Sein Kummer, so unsterblich, so unsäglich!

Er sprach zu ihnen: »Ihr, o laßt mich gehn!«
Und küßte sie mit Zärtlichkeitsverschwenden,
Und wand sich los mit leichtem Körperdrehn
Und ließ sein Kleid zurück in ihren Händen.

Seht: seine Fackel hält in Händen er
Auf des Palastes himmelnächster Zinne,
Er schwingt sie, wie ein Halbgott seinen Speer,
Und gleicht der Röte bei des Tags Beginne;

Qu'est-ce qu'il dit de sa voix profonde et tendre
Qui se marie au claquement clair du feu
Et que la lune est extatique d'entendre ?
«Oh ! je serai celui-là qui créera Dieu !

«Nous avons tous trop souffert, anges et hommes,
«De ce conflit entre le Pire et le Mieux.
«Humilions, misérables que nous sommes,
«Tous nos élans dans le plus simple des vœux.

«Ô vous tous, ô nous tous, ô les pécheurs tristes,
«Ô les gais Saints, pourqoui ce schisme têtu ?
«Que n'avons-nous fait, en habiles artistes,
«De nos travaux la seule et même vertu !

«Assez et trop de ces luttes trop égales !
«Il va falloir qu'enfin se rejoignent les
«Sept Péchés aux Trois Vertus Théologales !
«Assez et trop de ces combats durs et laids !

«Et pour réponse à Jésus qui crut bien faire
«En maintenant l'équilibre de ce duel,
«Par moi l'Enfer dont c'est ici le repaire
«Se sacrifie à l'Amour universel !»

La torche tombe de sa main éployée,
Et l'incendie alors hurla s'élevant,
Querelle énorme d'aigles rouges noyée
Au remous noir de la fumée et du vent.

L'or fond et coule à flots et marbre éclate ;
C'est un brasier tout splendeur et tout ardeur ;
La soie en courts frissons comme de l'ouate
Vole à flocons tout ardent et tout splendeur.

Et les Satans mourants chantaient dans les flammes,
Ayant compris, comme ils s'étaient résignés !
Et de beaux chœurs de voix d'hommes et de femmes
Montaient parmi l'ouragan des bruits ignés.

Und tief und zärtlich ihm vom Munde klingt
Sein Wort und schmilzt ins Knistern seiner Flamme
Zum Monde, den es wunderbar bezwingt:
»*Den* Gott erschaff ich, der aus mir entstamme!

Wir, Mensch und Engel, trugen soviel Leid
Um diesen Kampf des Guten und des Bösen –
Laßt endlich alle die ihr elend seid,
Durch Demut und durch Einfalt euch erlösen!

Ihr und wir alle: trübe Sündenschar
Und selig Gläubge – sagt, warum die Spaltung?
Warum nicht brachten unser Werk wir dar
Zu einer Tugend einziger Entfaltung?

Genug und schon zuviel des ewgen Streits:
Nun endlich muß die Siebenzahl der Sünden,
Damit ein Ende komme dieses Leids,
Der Dreiheit sich der Tugenden verbünden!

Dem Opfer Jesu gebe Antwort ich,
Und daß der Zweikampf ausgefochten werde:
Hier ist die Hölle – die sich hier durch mich
Der Liebe opfert Himmels und der Erde!«

Den Händen, den geöffneten, entfällt
Die Fackel, heulend fährt empor das Feuer,
Qualm füllt die Lüfte, die der Sturm durchgellt,
Ein Kampf von Adlern rot und ungeheuer!

Der Marmor springt entzwei, hinschmilzt das Gold,
Getrenntes scheint zu glühendem verschwistert,
Zu kurzen Flocken sich zusammenrollt
Die Seide, die zerflattert und zerknistert;

Und in der Flammen wilden Sturm und Sieg
Erklang sehnsüchtig, wie ein Tod-Verlangen,
Das Lied der Bösen, rauschte die Musik
Der Chöre, welche Fraun und Männer sangen.

Et lui, les bras croisés d'une sorte fière,
Les yeux au ciel où le feu monte en léchant,
Il dit tout bas une espèce de prière,
Qui va mourir dans l'allégresse du chant.

Il dit tout bas une espèce de prière,
Les yeux au ciel où le feu monte en léchant…
Quand retentit un affreux coup de tonnerre,
Et c'est la fin de l'allégresse et du chant.

On n'avait pas agréé le sacrifice :
Quelqu'un de fort et de juste assurément
Sans peine avait su démêler la malice
Et l'artifice en un orgueil qui se ment.

Et du palais aux cent tours aucun vestige,
Rien ne resta dans ce désastre inouï,
Afin que par le plus effrayant prodige
Ceci ne fût qu'un vain rêve évanoui…

Et c'est la nuit, la nuit bleue aux mille étoiles ;
Une campagne évangélique s'étend,
Sévère et douce, et, vagues comme des voiles,
Les branches d'arbre ont l'air d'ailes s'agitant.

De froids ruisseaux courent sur un lit de pierre ;
Les doux hiboux nagent vaguement dans l'air
Tout embaumé de mystère et de prière ;
Parfois un flot qui saute lance un éclair.

La forme molle au loin monte des collines
Comme un amour encore mal défini,
Et le brouillard qui s'essore des ravines
Semble un effort vers quelque but réuni.

Et tout cela comme un cœur et comme une âme,
Et comme un verbe, et d'un amour virginal,
Adore, s'ouvre en une extase et réclame
Le Dieu clément qui nous gardera du mal.

Und er, der stolz, die Arme kreuzend, steht,
Läßt seinen Blick zur Brunst des Himmels wandern
Und spricht ganz leise eine Art Gebet,
Verblutend in die Fröhlichkeit der andern;

Er spricht ganz leise eine Art Gebet
Und läßt den Blick zur Brunst des Himmels wandern –
Ein Donnerschlag – und alles ist verweht,
Er selber und die Fröhlichkeit der andern!

Nicht angenommen wurde sein Verzicht,
Denn jener, der ins Herz versteht zu blicken,
Durchschaut den Stolz, der selbst sich widerspricht,
Weil List und Bosheit gleißend ihn umstricken. –

Und nichts mehr, keine Spur mehr war zu sehn
Von jenem hunderttürmigen Palaste;
Ein Wunder war, ein furchtbares, geschehn,
In dem dies alles wie zum Traum verblaßte.

Nun ist die blaue goldbesternte Nacht,
Es breitet sich ein biblisches Gefilde,
Von Zweigen, windbewegten, überdacht
Ein stilles Weben, ernst zugleich und milde;

Im Bett von Kieseln rollt dahin der Bach,
Die Eulen rudern leise durch die Lüfte,
Ein Blitz des Wassers wird zuweilen wach,
Schwer von Geheimnis wehn Gebetesdüfte,

Der Umriß ferner Hügel steigt empor,
Undeutlich, wie sich selbst noch dunkle Liebe,
Aus Schluchten wallt ein Nebelrauch hervor,
Als wär ein Ziel, dems ihn entgegentriebe –

Und alles ist voll Inbrunst und verklärt
Geoffenbartes, liebreiches Verkünden –
Wird zur Verzückung, betet, und begehrt
Nach Gott, der gnädig uns erlöst von Sünden.

Martin Hahn

Traum vom Glück

Aus: Bonheur

JE VOUDRAIS, SI MA VIE était encore à faire,
Qu'une femme très calme habitât avec moi,
Plus jeune de dix ans, qui portât émoi
La moitié d'une vie au fond plutôt sévère.

Notre cœur à tous deux, dans ce château de verre,
Notre regard commun, franchise et bonne foi,
Un et double, dirait comme en soi-même : Vois !
Et répondrait comme à soi-même : Persévère !

Elle se tiendrait à sa place, mienne aussi,
Nous serions en ceci le couple réussi
Que l'inégalité, parbleu ! des caractères

Ne saurait empêcher l'équilibre qu'il faut,
Ce point étant compris d'esprits en somme austères
Qu'au fond et qu'en tout cas l'indulgence prévaut.

ICH WOLLTE, WENN MEIN LEBEN noch zu leben wäre,
Daß eine sanfte Frau mir, jünger um zehn Jahre
Als ich, an meiner Seite still mein Haus bewahre,
Zur Hälfte tragend so viel dunklern Loses Schwere.

O Herz an Herz im gläsern Märchenhaus!
Gemeinsam welch ein Blick! O Freimut und Vertrauen!
Eins sagt zum andern wie zu sich: Laß uns nur schauen!
Und wie zu sich erwiderts: Daure aus!

An ihrem Platze sie, an meinem ich,
Wär unsre Eintracht so sehr unerschütterlich,
Daß der Gemüter – duld das Wort! – Unebenheiten

Nie schüfen, daß von beiden eines überwiegt.
So wars gemeint durch hohe Geister strenger Zeiten:
Daß doch im Tiefsten immerdar die Nachsicht siegt.

Felix Braun

Zeittafel

1844 30. März: Geburt von Paul-Marie Verlaine in Metz. Der Vater, Nicolas-Auguste Verlaine (46), ist Berufsoffizier; die Mutter, Elisa Dehée (35), stammt aus einer bäuerlichen Familie in Nordfrankreich.
In den ersten fünf Lebensjahren Verlaines häufige Umzüge (Montpellier, Sète, Nîmes) durch die Versetzung des Vaters in wechselnde Garnisonen.

1849 Erneut in Metz. Früheste Kindheitserinnerungen Verlaines.

1851 Der Vater scheidet aus dem aktiven Militärdienst aus. Die Familie zieht nach Paris und wohnt im Batignolles-Viertel.

1853 Verlaine wird in das Internat der »Institution Landry« aufgenommen, in dem er neun Jahre bleibt. Von hier aus besucht er ab

1855 das Lycée Bonaparte (heute Lycée Condorcet).

1858 Am 12. Dezember schreibt Verlaine an Victor Hugo und schickt ihm das früheste Gedicht, das von ihm überliefert ist: »La Mort«.

1860 Beginn der lebenslangen Freundschaft mit Edmond Pelletier, der Verlaines erster Biograf sein wird.

1862 Im August besteht Verlaine sein Abitur (»bachelier ès lettres«). Beginn eines Jurastudiums, das er bald wieder abbricht.

1863 Erste Begegnungen mit zeitgenössischen Dichtern: Banville, Villiers de l'Isle-Adam, Chabrier, Coppée, Hérédia und andere. Erste Gedichtveröffentlichungen in Zeitungen und Zeitschriften.

1864 Verlaine wird Angestellter der Pariser Stadtverwaltung und arbeitet zunächst im Rathaus des 9. Arrondissements; Bekanntschaft mit Catulle Mendès und Albert Glatigny.

1865 Im November und Dezember erste Veröffentlichung literaturkritischer Artikel (insbesondere über Baudelaire). Am 30. Dezember stirbt der Vater. Verlaine zieht mit der Mutter in eine bescheidenere Wohnung.

1866 Im November erscheinen die *Poèmes Saturniens,* den Druck hat die Kusine Elisa Moncomble bezahlt. Brief an Mallarmé, der freundlich auf die Sendung der Sammlung reagiert.

1867 Am 2. September nimmt Verlaine am Begräbnis Baudelaires teil. Im Oktober macht er die Bekanntschaft seines zukünftigen Schwagers, des Komponisten Charles de Sivry.

1869 Verlaine frequentiert literarische Zirkel und Salons und lernt viele der zeitgenössischen Dichter und Literaten kennen. Im März erscheint die Sammlung der *Fêtes Galantes.* Ende Juni Bekanntschaft mit Mathilde Mauté. Im Juli hält Verlaine bei ihrem

Halbbruder Charles de Sivry um ihre Hand an. Die Gedichte der *Bonne Chanson* entstehen. Während der Herbst- und Wintermonate besucht Verlaine regelmäßig die Familie Mauté und wirbt um Mathilde. Am 11. August 1870 werden sie heiraten.

1870 Im Juni erscheint *La Bonne Chanson*. Am 19. Juli erklärt Napoleon III. Preußen den Krieg. Im September beginnt die Belagerung von Paris durch preußische Truppen. Verlaine nimmt am Wachdienst der *Gardes Nationales* teil, arbeitet aber weiterhin auch im Rathaus. Am 4. September wird die Republik ausgerufen.

1871 Im Januar Beschuss der Stadt Paris. Ende des Monats Waffenstillstand. Auch während der *Commune* (für die er Sympathien hat) bleibt Verlaine an seinem Arbeitsplatz im Rathaus (als *attaché de presse*). Im September erhält Verlaine den ersten Brief von Rimbaud; Beginn ihrer Freundschaft. Am 30. Oktober Geburt des Sohnes Georges.

1872 Nach wiederholten Gewaltszenen verlässt Mathilde Verlaine und zieht nach Périgueux. Ihr Vater veranlasst die ersten Schritte hinsichtlich einer Trennung der beiden. Bis Anfang März wohnt Verlaine mit Rimbaud zusammen. Nach einem gescheiterten Versöhnungsversuch trennen sich Mathilde Mauté und Paul Verlaine endgültig. Verlaine bricht mit Rimbaud nach England auf und bleibt auch nach Rimbauds Abreise in London.

1873 Krankheit Verlaines, der von seiner Mutter gepflegt wird. Am 10. Juli verletzt er in Brüssel Rimbaud leicht durch zwei Pistolenschüsse. Am 8. August wird er zu zwei Jahren Gefängnis verurteilt.

1874 Am 24. April gerichtliche Trennung der Ehe mit Mathilde, die das Sorgerecht für den gemeinsamen Sohn Georges bekommt. Im August Verlaines Rückkehr (»Bekehrung«) zum katholischen Glauben seiner Kindheit.

1875 Am 16. Januar wird Verlaine aus dem Gefängnis entlassen. Ende Februar trifft er sich mit Rimbaud in Stuttgart. Ende März ist er in London. Er findet eine Stelle als Lehrer an einer *Grammar School* in Lincolnshire. Am 12. Dezember schreibt er seinen letzten Brief an Rimbaud, den er nicht mehr wiedersehen wird.

1876 Ab September unterrichtet Verlaine für ein Jahr am Saint-Aloysius-College in Bournemouth.

1877 Im Oktober Aufnahme des Unterrichts an der Institution Notre Dame in Rethel in den Ardennen, wo er zwei Jahre tätig ist.

1878 Versuche der erneuten Annäherung an Mathilde. Freundschaft mit Lucien Létinois (18), einem seiner Schüler, mit dem er

1879 im September nach England aufbrechen wird. Beide finden Anstellungen als Französischlehrer.

1880 Rückkehr nach Frankreich. In Juniville, nahe Rethel, kauft Verlaine einen Bauernhof für die Eltern von Lucien Létinois.

1881 Der Versuch, auf dem Hof eine Existenz zu gründen, scheitert.

1882 Der Bauernhof wird mit Verlust verkauft. Rückkehr Verlaines nach Paris, wo er vergeblich versucht, in die Stadtverwaltung reintegriert zu werden. Er nimmt seine Kontakte zum Literatenmilieu wieder auf.

1883 Am 7. April stirbt Lucien Létinois an Typhus. Im Sommer erneuter Versuch Verlaines, zusammen mit seiner Mutter und den Eltern Luciens auf dem Land Fuß zu fassen.

1885 Wiederholte Alkoholexzesse und Gewaltausbrüche. Im März wird Verlaine zu einem Monat Gefängnis verurteilt. Wachsende gesundheitliche Probleme. Im Mai gerichtliche Scheidung von Mathilde, die im folgenden Jahr zum zweiten Mal heiraten wird.

1886 Am 21. Januar stirbt Verlaines Mutter. Häufige Krankenhausaufenthalte Verlaines, zunehmender physischer Verfall, Verarmung und Clochardisierung.

1888 Am 7. Januar erscheint in der *Revue bleue* ein Artikel von Jules Lemaître über Verlaine, im November vergleicht Charles Morice ihn in *La Nouvelle Rive gauche* mit Boileau.

1889 Im Juli/August Kuraufenthalt in Aix-les-Bains. Freundschaft mit Frédéric-Auguste Cazals, der jedoch Verlaines homosexuelle Annäherungsversuche nicht erwidert.

1891 Am 10. November stirbt Rimbaud.

1892 Im November zweiwöchige Vortragsreise Verlaines durch Holland.

1893 Februar/März Vorträge Verlaines in verschiedenen Städten Belgiens, November/Dezember Vorträge in Nancy und Lunéville, danach in London, Oxford und Manchester.

1894 Im August wird Verlaine zum Dichterfürsten (»Prince des Poètes«) gekrönt.

1895 Verlaine, krank und völlig mittellos, ist auf die Unterstützung von Frauen der Pariser Gesellschaft und Schriftstellerkollegen angewiesen.

1896 Am 8. Januar stirbt Verlaine. Die Totenfeier findet am 10. Januar in Saint-Etienne-du-Mont statt. Dem Totengeleit durch Paris bis zum Batignolles-Friedhof folgen mehrere Tausend Menschen. Am Grabe sprechen unter anderem Lepelletier, Moréas, Kahn, Mendès, Barrès, Coppée, Mallarmé.

Am 18. Juli 1894 starb Leconte de Lisle, der Dichter des Parnasse und des *L'Art pour l'Art,* der den Titel eines »Prince des Poètes« von dem 1885 gestorbenen Victor Hugo geerbt hatte (dem er auch in der *Académie Française* nachgefolgt war). Im August 1894 führte Georges Docquois für die Zeitschrift *Le Journal* eine Befragung durch, die sich mit der Frage: *Wer ist, Ihrer Meinung nach, derjenige, der nach dichterischem Rang (»gloire«) sowie in der Wertschätzung der Jungen Leconte de Lisle nachfolgen sollte?* an circa 400 *hommes de lettres* zwischen 18 und 25 Jahren wandte. Von den 189 eingegangenen Antworten setzten 77 Verlaine an die erste Stelle, mit weitem Abstand folgten: José-Maria Hérédia (38), Sully Prudhomme (36), Mallarmé (36) und Verlaines ewiger Rivale François Coppée (12). Gut ein Jahr vor seinem Tod ist Verlaine als »Dichterfürst« damit auf dem Gipfel des Ruhmes angelangt. Bei seiner Beerdigung am 10. Januar 1896 werden über 5000 Menschen seinem Sarg auf dem langen Weg von der Rue Descartes bis zum Friedhof im Batignolles-Viertel folgen, darunter sind fast alle berühmten französischen Autoren jener Zeit; neben anderen wird auch Mallarmé eine Grabrede halten.

Die ersten Bücher über den mit 52 Jahren verstorbenen Verlaine erschienen noch zu seinen Lebzeiten. Bis heute hat seine Gestalt die Biografen und Literarhistoriker immer wieder fasziniert und in ihren Bann gezogen. Dem späten Ruhm und der »Krönung« zum *Prince des Poètes* als End- und Höhepunkt der dichterischen Laufbahn Verlaines steht der fast ebenso kontinuierlich verlaufende Abstieg seiner bürgerlichen Existenz diametral entgegen. Der am 30. März 1844 in Metz als Sohn eines Berufsoffiziers und der Tochter von bäuerlichen Grundbesitzern geborene Paul-Marie Verlaine war nach dem Abitur 1862 und einem fehlgeschlagenen Jurastudium von 1864 bis 1871 als städtischer Angestellter bei verschiedenen Pariser Rathäusern beschäftigt und von August 1870 an etwas über ein Jahr »glücklich verheiratet«, ehe die Verbindung mit der erst 17jährigen Mathilde Mauté – die in die politisch unruhige Zeit des Deutsch-Französischen Krieges und der *Commune* fiel – in die Brüche ging und Verlaines bürgerliche Existenz durch die Bekanntschaft mit dem jungen Arthur Rimbaud im September 1871 unwiderruflich beendet schien. Am Ende seines Lebens ist Verlaine physisch ein Wrack (eine »medizinische Enzyklopädie«, wie er selbst zu sagen pflegte) und sozial ein Clochard, der abwechselnd bei zwei Prostituierten Unterkunft findet, die sich um seine wenigen Einkünfte streiten und bei seiner Beerdigung fast für einen Eklat gesorgt hätten.

Erste Anzeichen für die Tendenz zum Ausbrechen aus bürgerlichen Konventionen, die Neigung zum Alkohol (vor allem in der gefährlichen Form des Absinths, der wenig kostet und einen schnellen Rauschzustand garantiert) und zu Gewaltausbrüchen zeigten sich schon früh: Seine Mutter, seine Freunde, seine Frau werden ihre Opfer und stehen Todesängste aus, zwei Pistolenschüsse auf Rimbaud (die diesen nur leicht an der Hand verletzen) bringen ihn für anderthalb Jahre hinter Gefängnismauern (Juli 1873 bis Januar 1875). Von seinen letzten zehn Lebensjahren hält sich Verlaine über drei in diversen Krankenhäusern in Paris und Umgebung auf. Das Gefängnis und später das Krankenhaus, denen er zwei seiner autobiografischen Erinnerungsschriften (*Mes hôpitaux,* 1891; *Mes Prisons,* 1893) widmet, bieten dem Umgetriebenen aber zugleich Schutz und die Gelegenheit zum Schreiben. Die erzwungene Einkehr wird immer wieder auch Anlass zur Umkehr, zu mehr oder weniger stürmischen Bekehrungen und Gelöbnissen der Besserung. Seiner Frau Mathilde wird er noch viele Jahre nach ihrer Trennung – in Briefen und Gedichten – vorwerfen, sie habe es an Geduld mit ihm fehlen lassen und sei damit letztlich verantwortlich für sein Unglück und seinen sozialen Abstieg. Den gemeinsamen Sohn Georges wird er kaum zu Gesicht bekommen.

Das Paradox von Verlaines Leben liegt gerade darin, dass sein physischer und sozialer Abstieg einhergeht mit seinem wachsenden Ruhm als Dichter. Pointiert könnte man sagen: Was seiner bürgerlichen Existenz geschadet hat, ist seinem Ansehen als Dichter zugute gekommen. Mit jedem neuen Skandal, jeder neuen »Verruchtheit« und Provokation wächst sein »symbolisches Kapital« als Dichter, als *poète maudit,* wie er sich selbst und seinesgleichen zu sehen liebte. Das Schlüsselerlebnis und der »point of no return« ist wiederum der Eintritt Arthur Rimbauds in Verlaines Leben. In zwei eindringlichen Briefen hatte der 16jährige Rimbaud den von ihm bewunderten Dichter gebeten, ihn aus dem Leben in der Provinz zu befreien; und Verlaine, von den beigefügten Gedichten des Jungen sofort in Bann geschlagen, schickte ihm das Geld für die Reise nach Paris. Als Rimbaud am 15. September 1871 in Paris eintrifft, erliegt Verlaine dem Zauber und der unwiderstehlichen Ausstrahlung des Jüngeren.

Doch auch er selbst, dessen erste Gedichtsammlungen bislang nur wenig Beachtung gefunden hatten, tritt damit ins Scheinwerferlicht der Öffentlichkeit. Ist er doch derjenige, der das »Wunderkind« in das Pariser literarische Leben einführt, sich überall mit ihm zeigt, ihm in homoerotischer Zuneigung verfällt, mit ihm flieht, nach Belgien, nach England, zurück nach Belgien – bis zu dem unglücklichen Pistolenschuss am 10. Juli 1873, der die vorläufige Trennung bedeutet. Mathilde, die ihren Mann vor die Wahl stellt: er oder ich, erkennt sehr bald die Unbedingtheit dieser Bindung. Anders als über die Ehefrau wird sich Verlaine über den Gefährten nie kritisch oder abschätzig äußern: Rimbaud bleibt für immer die Lichtgestalt, der Meteor, der für einen Augenblick sein Leben erleuchtet und seiner Dichtung neue Dimensionen erschlossen hat.

Die dichterische Begabung Verlaines manifestierte sich bereits in seiner Jugend. Am 12. Dezember 1858 schickt er ein Gedicht (über den Tod, den auch sein letztes Gedicht behandeln wird) an den verehrten Victor Hugo. Seine Klassenkameraden am Lycée Bonaparte bewundern ihn als Dichter wie als Zeichner. Einer dieser Mitschüler, Alexander Boudaille, huldigt ihm in einem lateinischen Gedicht: »Verlaine, der du in der göttlichen Kunst der Musen uns alle übertriffst, lehre mich, ich bitte dich, das Schreiben schöner Verse, lateinische Texte in Französisch zu übersetzen, und in lateinische Verse meine gallischen Gedanken zu gießen.« In seinen *Confessions* (1895) beschreibt Verlaine im Rückblick das Erwachen seiner dichterischen Begabung als frühreife gesteigerte Sensibilität für alle Sinneseindrücke: »Ich war für alles aufmerksam, nichts entging mir; stets war ich auf der Jagd nach Formen, Farben, Schattierungen. Das Tageslicht faszinierte mich, und obgleich mich die

Dunkelheit ängstigte, zog mich die Nacht an. Meine Neugier trieb mich; ich weiß nicht, was ich genau suchte, Schattierungen von Weiß, von Grau, Nuancen vielleicht.« Die Farben der Nacht und das Erlebnis des Traumes, sie ziehen ihn an und jagen ihm zugleich Furcht ein.

Beim Abitur 1862 ist sich Verlaine seiner dichterischen Berufung als Poet und *homme de lettres* sicher. Es ist zugleich die Entscheidung für eine Lebensform und für ein bestimmtes soziales Umfeld: das der Cafés und der Brasseries, der Salons und der Zeitschriften, der *Cénacles* im Kreise Gleichgesinnter und der »Kameraden«, die sich in erster Linie über die Ablehnung eines satten und selbstzufriedenen Bürgertums definieren. Es ist gewiss kein Zufall, dass Verlaines erstes Gedicht, das im August 1863 gedruckt wird, den Spießer, *Monsieur Prudhomme*, zur Zielscheibe macht, den Bourgeois des *juste milieu*, der die Dichter hasst: diese »Verseschmiede, Gauner, Taugenichtse, / Bärtige Faulpelze, Unfrisierte[n]«. Der erste Auftritt in der literarischen Szene ist eine Geste des Abscheus und der Revolte. Ein anderes frühes Gedicht (1862/63) gilt »Torquato Tasso«, der schon Goethe und Baudelaire als Verkörperung des weltfremden, realitätsflüchtigen, sich in ferne Traumwelten zurückziehenden und von der Gesellschaft verstoßenen und »ausgesperrten« Dichters galt: »Der Dichter ist ein Narr, der sich in Abenteuer verliert, / Unablässig träumt er von früheren Schlachten, von kühnen Heldentaten ohne Zahl, als wären sie seine, / Und singt dann für sich und das kommende Geschlecht.«

Die entscheidenden Anregungen verdankt Verlaine – wie die meisten Dichter seiner Generation – Charles Baudelaire und dessen *Fleurs du Mal* (1857), die er bereits während seiner Schulzeit gelesen hatte. Noch vor der Veröffentlichung der ersten eigenen Gedichtsammlung erscheint in der November- und Dezemberausgabe der Zeitschrift *L'Art* von 1865 sein Essay über Baudelaire, der für Verlaine am reinsten das Ideal der modernen Dichtung verkörpert und zum Vorbild und Maßstab des eigenen Dichtens wird: Das bedeutet vor allem den Verzicht auf einen vorgegebenen Inhalt, ein Thema oder gar eine These, die unabhängig von der sprachlichen und bildlichen Bewegung des Gedichts zu fixieren wären, den Vorrang der

Empfindungen (»sensations«) vor den Gedanken, aber auch vor den Gefühlen im Sinne der Romantiker. Die biografische Erfahrung ist höchstens Anstoß oder auslösendes Element – was zählt, ist allein die beharrliche, geduldige Arbeit an der Sprache, die Fühllosigkeit (»impassibilité«) gegen alle Einwirkungen von außen. In seinen berühmtesten Gedichten ist Verlaines Poesie eigentlich ohne Sujet, reihen sich flüchtig hingehauchte Bilder, Töne, Worte aneinander, die kaleidoskopartig verschmelzen. Seine Prosa dagegen wirkt oft schwerfällig, ja ungeschickt; in seinen Briefen und Prosaschriften vermittelt er manchmal den Eindruck, er habe sich nie von seinem Schülerjargon gelöst.

Im Grunde zeichnet sich Verlaine selbst, wenn er schreibt, dass er mit der »Modernität« Baudelaires nicht den »moralischen, politischen und sozialen Menschen« meine, sondern »den leiblichen Menschen, als das Ergebnis der Raffinessen einer übertriebenen Zivilisiertheit, den modernen Menschen, mit seinen geschärften und in ständiger Erregung befindlichen Sinnen, seinen Geist, dem die eigene Subtilität weh tut, sein mit Tabakrauch gesättigtes Gehirn, sein vom Alkohol brennendes Blut, den *Bilionervösen*, wie ihn H. Taine nennen würde«. Die *Fleurs du Mal* erscheinen als Quintessenz der Dichtung des Jahrhunderts, wie Verlaine am Beispiel der »ewigen Themen« Liebe, Wein, Tod, Paris ... bei Baudelaire nachzuweisen sucht. Einziges Ziel der Dichtkunst sei das Schöne, die Schönheit ohne andere Zutaten, ohne Verbindung mit dem Nützlichen, dem Wahren und Guten.

Im langen Prolog zu den *Poèmes Saturniens,* die ein Jahr nach dem Baudelaire-Essay erscheinen, greift Verlaine diese Gedanken wieder auf und entwickelt daraus ein poetisches Programm: »Le Poète, l'amour du Beau, voilà sa foi, / L'Azur, son étendard, et l'Idéal, sa loi!« (»Der einzige Glaube des Dichters, die Schönheit, / Der azurne Himmel seine Fahne, das Ideal sein Gesetz!«). Von den 27 Gedichten der Sammlung waren 12 bereits zuvor in verschiedenen Zeitschriften erschienen. 25 der in den *Poèmes Saturniens* enthaltenen Gedichte sind unter Obertiteln zusammengefasst (in Klammern: die in die vorliegende Auswahl aufgenommenen Titel): *Melancholia* (»Nevermore«, »Lassitude«, »Mon rêve familier«); *Eaux fortes*

(»Marine«); *Paysages Tristes* (»Soleils couchants«, »Promenade sentimentale«, »Chanson d'automne«, »L'Heure du berger«, »Le Rossignol«); *Caprices* (»Femme et chatte«, »Sérénade«).

Gleich in seiner ersten Gedichtsammlung ist Verlaine – mit 22 Jahren – auf der Höhe seines Könnens angelangt. Fast möchte man sagen, dass keine der späteren Sammlungen eine so dichte Abfolge vollkommen gelungener Gedichte enthält. Die Themen und Motive – Trauer und Vergänglichkeit, Wehmut, Liebe, Abschied... – werden nur angedeutet, gewissermaßen im Vorbeigehen touchiert. Symbolisch dafür kann man die im Herbstwind herabwirbelnden Blätter der »Chanson d'automne« lesen. Die »Landschaften« sind allenfalls in Bruchstücken vorhanden, es gibt keine Beschreibungen; die Kohärenz der Texte entsteht nicht logisch-diskursiv, sondern bildlich und musikalisch.

Verlaine selbst ist bewusst, dass er hier Neuland betreten hat. Aus Anlass der Neuausgabe der *Poèmes Saturniens* 1890 veröffentlicht er eine *Critique des poèmes saturniens*, in der es heißt: »Je mehr man mich lesen wird, desto mehr wird man sich überzeugen, dass eine gewisse Einheit meine ersten Arbeiten mit denen der späteren Jahre verbindet. So sind zum Beispiel die *Paysages tristes* die Keimzelle einer ganzen Serie von Versgesängen, die zugleich bestimmt und vage sind und deren erster Bildner ich war.« Das geringe öffentliche Echo auf die Saturnischen Gedichte lässt sich auch damit erklären, dass die zeitgenössischen Leser noch nicht bereit waren, dem Dichter in seinen kühnen poetischen Tagträumen zu folgen. Einzig Stéphane Mallarmé, der damals als Englischlehrer an einem Gymnasium in Besançon lehrte, hatte ein Ohr für das unerhört Neue der Gedichte Verlaines. In einem Brief vom 20. Dezember 1866 schrieb er ihm: »Wie glücklich haben Sie aus alten Formen [...] ein neues, jungfräuliches Metall geschmiedet. [...] Im Augenblick hätte ich nur Lust, alle Verse der *Poèmes Saturniens,* die ich auswendig kenne, Ihnen vorzutragen, und würde es vorziehen, solange ich in diesem Zustand außer mir bin, mich der Wollust hinzugeben, in die sie mich versetzen, anstatt sie zu erläutern.«

Angesichts des schwebend-flüchtigen Charakters der meisten Verlaine-Gedichte kann das Kriterium für eine gelungene

Übersetzung nicht Wortgenauigkeit oder Sinntreue sein; der Maßstab ist allein das dichterische Gelingen. Der unauflösliche Widerspruch im Verhältnis von Original und Übersetzung liegt darin, dass die Übersetzung – auch die vollkommenste – keine Existenz aus eigenem Recht beanspruchen kann; das Vorbild muss in ihr – wenn auch in anderer Weise – zum Klingen kommen. Dabei sind ganz verschiedene Lösungen möglich. Das gilt natürlich auch im Hinblick auf die verschiedenen Gedichtsammlungen Verlaines.

Von den 22 Gedichten der *Fêtes Galantes,* an denen Verlaine zwischen 1866 und 1868 arbeitete und die nur wenige Wochen nach dem Druck der *Poèmes Saturniens,* am 20. Februar 1869, in einer Auflage von 350 Exemplaren erscheinen, waren ebenfalls 14 bereits vor der Buchveröffentlichung in verschiedenen Zeitschriften publiziert worden. Anders als bei den übrigen Sammlungen Verlaines verbindet die Gedichte der *Fêtes Galantes* nicht nur die Einheitlichkeit von Ton und Atmosphäre, sondern sie besitzen auch motivisch und thematisch eine gewisse Kohärenz. Man hat darin – im Vergleich zu dem Schwebend-Leichten und Suggestiven der *Poèmes Saturniens* – eine Wendung zum »Realismus« gesehen. Hinter den Parklandschaften und Wasserspielen, in den Kostümen und unter der Schminke eines traumhaften Rokoko à la Watteau meinte man die Sonntagsspaziergänger und die Vergnügungen des einfachen Volkes von Paris zu entdecken: Bootsfahrten und Bälle, volkstümliche Musik und flüchtige Liebschaften, galante Worte, Frivolität und Libertinage, Rausch und Ernüchterung. Doch ob Vergangenheitstraum oder gelebte Gegenwart, die Szene ist auch hier in ein traumhaft-irreales Mondlicht getaucht, die Töne und Stimmen sind gedämpft, in das vermeintliche Idyll dringen Seufzer der Melancholie und Töne der Verzweiflung, hinter dem Liebesspiel ahnt man den Geschlechterkampf, in den Pantomimen den Totentanz.

Auch die *Fêtes Galantes* wurden von der zeitgenössischen Kritik nur wenig beachtet. Einzig einige Kenner und Dichterkollegen wussten die Sammlung zu würdigen. Victor Hugo, den Verlaine in Brüssel besucht hatte, schrieb am 16. April 1869: »Wie viele delikate und geistvolle Dinge finden sich doch in diesem hübschen kleinen Buch!« Théodor de Banville spricht mit Bewunderung von dem »kleinen Buch eines Magiers«. Rimbaud nennt es in einem Brief an seinen Lehrer Georges Izambard vom 25. August 1870 »fort bizarre, très drôle [...] vraiment adorable« (»eigenartig, seltsam, wirklich bewundernswert«). Und Mallarmé wird es in einem Brief 1881 als »ewiges Juwel« bezeichnen. Für die deutschen Übersetzer sind die *Fêtes Galantes* eine besondere Herausforderung. Ihr verspielt-spielerischer Charakter – Wortspiele mit Klang und Bedeutung, die Mischung von seltenen und archaischen Worten mit solchen der Alltagssprache, das Ineinanderfließen von Poetischem und Szientifischem, preziöses Sprechen und versteckte Parodie, das Alternieren von Bildhaftem und Statuarischem mit dramatischen Elementen, der Wechsel von Monolog und Dialog, die Einbindung von Figuren der *Commedia dell'arte* –, der ständige Kontrast und die Balance von Leichtigkeit und Ernst, Schlichtheit und Raffinement, sie lassen sich nur schwer aus dem französischen Original ins Deutsche übertragen. Am ehesten gelingt dies einem Dichter wie Stefan George, dem für die Übertragung der *Fêtes Galantes* eine Kunstsprache zur Verfügung steht, die er bereits in seinen eigenen Gedichten erprobt hat.

Der Rang von *La Bonne Chanson* ist bei den Interpreten Verlaines umstritten. Für viele verkörpern die in der Zeit der Verlobung mit Mathilde Mauté entstandenen und dieser als »Hochzeitsgeschenk« überreichten 22 Gedichte einen tiefen künstlerischen Fall des Dichters, sind Zeugnisse eines kleinbürgerlichen, biedermeierlichen Traums von Glück, gelten als sprachlich und poetisch uninspiriert, platt und konventionell. Stellvertretend sei die Kritik von Antoine Adam zitiert: »Das Glück, das ihn erfüllt, er spricht es aus, so wie diejenigen, die keine Dichter sind. Die Gründe für seine Befürchtungen und seine Hoffnungen, er zählt sie auf, erläutert sie. Er wendet sich an unsern Verstand und lässt uns nichts zum Träumen.« Eine solche Abwertung lässt sich nur dadurch erklären, dass an das Werk Verlaines der Maßstab eines Ideals angelegt wird, der sich an seinen dichterisch »vollkommenen« Liedern und Gedichten orientiert. Tatsächlich sind die Gedichte der *Bonne Chanson* überwiegend Gelegenheitsgedichte, oft legte Verlaine sie den Briefen an Mathilde bei. Man muss sie als Ge-

dichte der Werbung und der Huldigung an die Gelie
Die 16jährige Mathilde, die im ersten Gespräch mi
gestanden hatte, dass ihr seine Gedichte gefielen, si
oft zu »stark« (sprich: zu schwierig) vorkämen, verla
Gedichten, die sie unmittelbar ansprachen. Müssen
deshalb schon »falsch« klingen?
Unbestreitbar ist freilich, dass die Verlobung und Eheschlie-
ßung mit dem »child wife« (wie er sie in einem späteren
Gedicht nennen wird) einer Flucht nach vorne gleicht und als
einer der wiederholten Versuche Verlaines zu gelten hat, sein
Leben in »geordnete Bahnen« zu lenken und ihm Halt zu
verleihen, den Dämonen seines eigenen Ich zu entfliehen: den
Alkoholexzessen und den mörderischen Ausbrüchen von
Gewalt, der Entdeckung (und Angst vor) der eigenen Homo-
sexualität, den unsicheren Zeiten des Krieges und des Auf-
standes der *Commune*. Doch nicht alle Gedichte der Samm-
lung stehen im Rahmen der Beziehung zu Mathilde: »Avant
que tu ne t'en ailles ...«, »La Lune blanche«. Der biografische
Hintergrund muss die Sammlung der *Bonne Chanson* nicht
entwerten. Sie steht in einer langen europäischen Tradition
von Gedichtsammlungen zum Preis der Geliebten, die bis auf
Petrarcas *Canzoniere* und Ronsards *Amours* zurückreicht. Und
es ist unzweifelhaft, dass Verlaine in dem Jahr der Verlobung
und der Ehe mit Mathilde Mauté ernsthaft bemüht war, ein
»anderer Mensch« zu werden. Der jungen Mathilde, die bei ih-
rem ersten Zusammentreffen noch seine wenig schönen Ge-
sichtszüge (Verlaines geradezu topisch zu nennende »Häss-
lichkeit«) bemerkt hatte, findet ihn im Zustand der
Verliebtheit wie transfiguriert, durch die Liebe verwandelt.
Und dem alten Verlaine der *Confessions* sind von allen seinen
Gedichten die der *Bonne Chanson* die liebsten. Doch die »böse
Welt«, von der er sich in einigen der Gedichte (»Le bruit des ca-
barets«, »J'allais par des chemins perfides«) glaubte lösen zu
können – sie holte ihn bald wieder ein. Die guten Vorsätze
währten nicht lange.
Mit den *Romances sans Paroles* tritt Arthur Rimbaud in das Le-
ben Verlaines. Die dichterische Verarbeitung dieses Ereignis-
ses folgt in dem langen Gedicht »Crimen amoris« in *Jadis et
Naguère*. In den spannungsreichen Wochen und Monaten des

Zusammenlebens mit Rimbaud entstehen nacheinander die *Ariettes oubliées* (die für sich allein zunächst den Titel *Romances sans Paroles* tragen sollten), die *Paysages belges* und *Aquarelles*. Ursprünglich wollte Verlaine die Sammlung Rimbaud widmen, wie er in einem Brief vom 19. Mai 1873 an den Freund Lepelletier begründet: »Mir liegt sehr viel an der Widmung für Rimbaud. Einmal als Zeichen des Protestes, zum andern weil diese Verse in seinem Beisein geschrieben wurden und er mich angetrieben hat, sie zu schreiben.« Als die *Romances sans Paroles* 1874 endlich erscheinen, ist der Hinweis auf Rimbaud getilgt, der Verleger hatte darauf bestanden. Anfang Juli 1872 waren Verlaine und Rimbaud aus Paris über Arras nach Brüssel »geflüchtet«. Von dort schreibt Verlaine an seine Frau: »Mach dir keinen Kummer; ich träume gerade einen bösen Traum; eines Tages werde ich wiederkommen.« Mathilde fährt mit ihrer Mutter nach Brüssel; sie kommen am 22. Juli an. Nach einer kurzen »Versöhnung« nehmen sie zusammen den Zug nach Paris. An der Grenze steigt Verlaine aus dem Zug aus; die beiden werden sich nicht mehr sehen. Am 24. April 1874 erwirkt Mathilde die gerichtliche Trennung von ihrem Mann.

Es ist nicht leicht zu sagen, worin genau der Einfluss Rimbauds auf die Dichtung Verlaines besteht. Die Interpreten gefallen sich in poetischen Bildern und Metaphern: Rimbaud sei wie ein Blitz oder wie eine Feuerwand in Verlaines Leben gefahren, habe ihn aus seinen täuschenden Selbstgewissheiten gerissen, ihm seine Blöße und seine wahre Natur enthüllt, bis sich Verlaine dem zerstörerischen Einfluss des »Dämons« entzog. Sicher ist, dass die *Ariettes oubliées* der Vorstellung einer »objektiven Dichtung« im Sinne Rimbauds am nächsten kommen. In Fortentwicklung der poetischen Sprache der *Paysages tristes* verzichten sie auf jeglichen fixierbaren Inhalt, es gibt keine Gedichtüberschriften mehr, der Obertitel *Ariettes oubliées* unterstreicht ihren schwebenden, immateriellen Charakter. Es ist eine Dichtung, die nur noch sich selbst zum Inhalt hat: Ihre einzigen Realitäten sind die Sprache und die Wunder, die diese zu vollbringen in der Lage ist. Wie in den *Fêtes Galantes* erleben wir den Wechsel vom Klanglichen zum Bildlichen, von der Musik zur Malerei. Bezüge zur alten flämischen Malerei lassen sich ebenso herstellen wie zu der zeitgenössischer Künstler: 1870 bis 1874 sind die Jahre der »impressionistischen Revolution«; das Erscheinungsjahr der *Lieder ohne Worte* ist zugleich das Jahr der ersten großen Ausstellung der Impressionisten.

Die elf Jahre zwischen der Entlassung aus dem Gefängnis in Mons am 16. Januar 1875 und dem Tod seiner Mutter am 21. Januar 1886 sind bestimmt von wechselnden Versuchen Verlaines, wieder Boden unter die Füße zu bekommen, sich eine berufliche und soziale Existenz aufzubauen. Diese Bemühungen scheitern, geben dem Dichter jedoch Atempausen zur Selbstfindung und zu dichterischer Produktion, sei es als Lehrer für Französisch und Zeichnen an verschiedenen Orten in der englischen Provinz (1875–1877), als Lehrer für Französisch, Englisch und Geschichte in dem kleinen Städtchen Rethel in den Ardennen (1877–1879), durch den Kauf eines Bauernhofes, um sich in der Landwirtschaft zu versuchen (1880–1882), oder durch Anstrengungen zur Wiedereingliederung in den Dienst der Stadt Paris, mittels erneuter Annäherungsversuche an Mathilde oder durch die Liebe zu dem jungen Lucien Létinois ...

Entsprechend sind die Gedichte der Sammlung *Sagesse* an ganz verschiedenen Orten und zu verschiedenen Anlässen entstanden: eine Reihe noch im Gefängnis, so das berühmte »Le Ciel est par-dessus le toit«, eine größere Anzahl in England, einige knüpfen an die *Romances sans Paroles* an, andere verstehen sich als religiöse Bekenntnisgedichte nach seiner »Bekehrung« im Gefängnis am 24. April 1874. Die Texte der Sammlung entstehen zwischen 1873 und 1880, der Titel »Sagesse« taucht zum ersten Mal 1875 auf. Mit dem Buch, das im Dezember 1880 (datiert auf 1881) von der *Société générale de Librairie catholique* publiziert wird, möchte sich Verlaine der literarischen Öffentlichkeit als katholischer Dichter vorstellen. Im Vorwort vom Juli 1880 schreibt er: »Der Autor dieses Buches hat nicht immer so gedacht wie heute. Lange Zeit war er in die allgemeine Verderbnis unserer Epoche verstrickt, an der er seinen eigenen Anteil des Fehlens und der Unwissenheit hatte. Wohlverdiente Schicksalsschläge haben ihn rechtzeitig gewarnt, und durch Gottes Gnade hat er diese Warnung verstanden. Er hat sich vor den Altar niedergekniet, an dem er so lange vorbei gegangen war, um Gottes allumfassende Güte anzubeten und sich seiner Allmacht anheim zu geben, als ergebener Sohn der Kirche, der letzte nach seinem Verdienst, doch voll des guten Willens.«

Dennoch sind die Gedichte – was ihrer ästhetischen Qualität sicher nicht geschadet hat – nicht vorrangig Ausdruck dogmatischer Glaubenssätze und katholischer Lehrmeinungen. Etwa ein Drittel der 47 Texte wendet sich anderen Themen zu, und auch wenn in vielen der restlichen Gedichte die Abkehr von einem früheren Leben der Sünde und des Lasters inszeniert wird, lässt die poetische Erinnerung daran doch genug Raum für die dichterische Ausgestaltung ebendieser Zeit.

Als Ende Januar 1885 die Sammlung *Jadis et Naguère* erscheint, hat Verlaine seine besten Jahre als Dichter hinter und das mühselige letzte Lebensjahrzehnt mit Krankheit und Armut noch vor sich. Wie der Titel bereits andeutet, ist der Blick in den Texten der Sammlung rückwärts gewandt. Außer vier Gedichten (insgesamt 43 und eine »Comédie«) waren alle Texte bereits zwischen 1867 und 1884 in Zeitschriften publiziert worden oder erschienen dort zeitgleich mit der Sammlung. Die berühmtesten Gedichte der Sammlung (»Kaléidoscope«, »Vendanges« und »Crimen amoris«) sind bereits einige Jahre alt. Als Dichter hat sich Verlaine überlebt. Doch gerade jetzt – dies gehört wiederum zum Paradox seiner Laufbahn – erreicht der Ruhm den Skandalumwitterten, Verbannten und Ausgestoßenen. Verlaine wird von der jüngeren Generation verehrt und zu ihrem Propheten ausgerufen. Das am 10. November 1882 in der Zeitschrift *Paris-Moderne* veröffentlichte Gedicht »Art poétique« (entstanden bereits 1874!) wird als Programmgedicht des Symbolismus rezipiert, Verlaine in einem Artikel (»Boileau-Verlaine«) von Charles Morice in *La Nouvelle Rive gauche* als Neuerer neben den Gesetzgeber der französischen Klassik gestellt. Das im *Chat noir* vom 26. Mai 1883 erschienene »Langueur« mit dem berühmten Anfangsvers »Je suis l'Empire à la fin de la Décadence« wird zum Programmgedicht der *Décadents*. Die Interpreten Verlaines sagen uns, dass es sich in beiden Fällen um »Missverständnisse« handele, da die Gedichte vom Autor selbst parodistisch intendiert gewesen seien. Doch wo verläuft bei Verlaine die Grenze zwischen ernst Gemeintem und parodistischer Distanzierung? Er genießt in jedem Fall den Ruhm, das Idol der jungen Generation zu sein. Joris-Karl Huysmans widmet ihm in seinem Roman *A Rebours* (1884) einige Seiten, die seiner Bewunderung Ausdruck verleihen, und seinen Protagonisten Des Esseintes in den Versen Verlaines sein eigenes »poetisches System« finden lassen: »Car nous voulons la nuance encore, / Pas la couleur, rien que la nuance / [...] Et tout le reste est littérature.« Mit dem von Huysmans erstmals verwendeten Vergleich zwischen François Villon und Paul Verlaine hat dieser noch zu Lebzeiten seinen Platz im Kanon der französischen Literatur gefunden.

Die vorstehende Auswahl der Gedichte und Übersetzungen versucht, einen Querschnitt durch das dichterische Werk von Verlaine zu bieten, der sich an der chronologischen Abfolge des Erscheinens der einzelnen Sammlungen orientiert, und möchte einen Eindruck von der Breite und Vielfalt der Bemühungen deutscher Übersetzer vermitteln. Als »Dichter der Dichter« und Autor, dessen poetische Sprache eigentlich als »unübersetzbar« galt, hat Verlaine ganze Generationen deutscher Dichter und Übersetzer in seinen Bann gezogen und zur Übersetzung und Nach-dichtung inspiriert. Der Blick auf das französische Original mag dem Leser zeigen, welche Möglichkeiten sich dem Übersetzer eröffnen, aber auch, wo seine Grenzen liegen, wenn es darum geht, die »Schranken zwischen französischer und deutscher Dichtung zu überwinden«, wie Stephan Hermlin in einer früheren Ausgabe dieser Sammlung (1966) formulierte, die wir erweitert und der wir eine neue Systematik gegeben haben.

Bayreuth, November 2003

János Riesz

Die vorliegende Auswahl von Gedichten Verlaines und ihren deutschen Übersetzungen geht auf eine von Stephan Hermlin zusammengestellte und herausgegebene zweisprachige Ausgabe zurück, die erstmals 1966 und in zweiter Auflage 1980 erschien. Die meisten der von Stephan Hermlin ausgewählten Texte haben wir übernommen, gleichzeitig die Auswahl aber erheblich erweitert und die Gedichte in eine chronologische Reihenfolge gebracht, die sich am Erscheinungsdatum der jeweiligen Sammlung orientiert.

Damit verfolgt unsere Auswahl ein doppeltes Ziel: Zum einen will sie einen repräsentativen Querschnitt durch die dichterische Produktion Verlaines bieten, zum andern eine – im historischen Sinne – ähnlich repräsentative Auswahl an deutschen Übersetzungen zugänglich machen. Auf diese Weise gewinnen die Verlaineschen Gedichtzyklen von den *Poèmes Saturniens* (1866) bis zu *Jadis et Naguère* (1884) Profil; die späteren Sammlungen sind meist willkürlich zusammengestellt, und die poetische Strahlkraft der vorangegangenen Bände fehlt. Parallel dazu sollen die vielfältigen und oft auch erheblich voneinander abweichenden Lösungen der deutschen Übersetzer dem französischen Original gegenübergestellt werden.

Stephan Hermlin schrieb am Anfang seines Nachworts von 1966: »In Deutschland ist von den großen französischen Lyrikern des 19. Jahrhunderts Verlaine am besten bekannt, am sichersten übersetzt. [...] Fluidität herzustellen in einer Sprache von beispielhaftem Rigor, Elemente des Gesprochenen ins Gedicht zu bringen an die Stelle theatralischer Floskeln, konventionelle Genauigkeit zu ersetzen durch Andeutung, Deskriptives durch einen Hauch – dies ist der Ursprung dauernder und bemühter Sympathie.« Dass man bei solchem Bemühen zu ganz verschiedenen Lösungen kommen kann, möchten wir anhand von Parallelübersetzungen eines Gedichts durch mehrere Autoren verdeutlichen. Hätte man nicht das französische Original vor Augen, könnte man bisweilen glauben, es handele sich um verschiedene Gedichte. Da mehrere moderne Gesamt- und Teilübersetzungen der Dichtung

Verlaines vorliegen,[1] haben wir uns entschlossen, unsere Auswahl auf »historische« Übersetzungen zu beschränken, die man gleichsam im Kontext der »Zeitgenossenschaft« Verlaines lesen kann.

Wilhelm R. Berger vertritt die Auffassung, »dass die älteren deutschen Verlaine-Übertragungen nur selten wirklichen Rang gewinnen«. Stefan Zweigs zweibändige Ausgabe der *Gesammelten Werke* von 1922 vermittle »ein eher deprimierendes Bild von Verlaines Lyrik«; in ihr spiegele sich »das erste Vierteljahrhundert der deutschen Verlaine-Rezeption, das heißt das Verlaine-Bild der dem Jugendstil und der deutschen Nach- und Neuromantik verbundenen Generation«, wider, die auf dem Missverständnis beruhte, dass man Altvertrautes in diese Lyrik hineinprojizierte: »Die scheinbar so mühelos fassliche Musikalität seines Verses verführte dazu, in Verlaine nicht so sehr den Symbolisten als vielmehr den wahlverwandten Nachfahren der deutschen Romantik zu sehen.«

Derartige Vorwürfe gelten – ceteris paribus – für die meisten Übersetzungen von Dichtung durch Dichter, deren Maßstab nicht Wortgenauigkeit oder die Schöpfung einer zuallererst »zweckorientierten informativen Rezeptionsbrücke«[2] sein kann, sondern sich einer Fülle von Motiven der einzelnen Dichter-Übersetzer und ihres Publikums verdankt: schlichter Neugier auf die fremde Poesie, dem Gefühl der »Wahlverwandtschaft« mit dem fremden Autor, der sprachlichen und ästhetischen Herausforderung, die gerade schwierige und vermeintlich »unübersetzbare« Autoren interessant werden lässt, dem Streben nach Weiterentwicklung eigener dichterischer Ansätze und Verfahrensweisen … In jedem Falle gilt das Diktum von Hans Magnus Enzensberger: »Was nicht selber Poesie ist, kann nicht Übersetzung von Poesie sein.«[3] Bei Dichtern werden Übersetzungen zu einem Teil des eigenen Werks,[4] gute Übersetzer werden durch die Qualität ihrer Übertragungen selbst zu Dichtern.

Ebenso wie die Motivation zur Übersetzung lässt sich auch die Frage nach der Qualität einer Übersetzung nur mit einer Vielzahl von Merkmalen und Anforderungen an den Übersetzer umschreiben. Eine allgemeine, umfassende Antwort der Art »Eine literarische Übersetzung soll auf den Leser in der Zielsprache im Großen und im Detail die gleiche rationale und emotionale Wirkung haben wie das Original auf den Leser in der Ausgangssprache«[5] lässt viele Möglichkeiten offen. Wie kann die »rationale und emotionale Wirkung« näher bestimmt werden? Muss man nicht mit ganz verschiedenen Lesern sowohl in der Ausgangs- als auch in der Zielsprache rechnen?

Unsere Auswahl hat ihr Ziel erreicht, wenn die deutschen Übersetzungen ein vertieftes Verständnis des Verlaineschen Originaltextes bewirken und – im Idealfall – den Leser selbst zum Weiterdichten anregen: »Que ton vers soit la bonne aventure [...] Et tout le reste est littérature.«

1 So die zweisprachigen Ausgaben mit der Übersetzung von Hannelise Hinderberger (Heidelberg: Lambert Schneider), Sigmar Löffler (Frankfurt a. M./Leipzig: Insel) und Wilhelm Richard Berger (Stuttgart: Reclam).

2 Roman Reisinger: Literarische Übersetzung durch Literaten – Motive und Kategorien, in: Literarische Übersetzung, hrsg. von Wolfgang Pöckl, Bonn: Romanistischer Verlag 1990, S. 157–184, S. 157.

3 Hans Magnus Enzensberger: Museum der modernen Poesie, Frankfurt a. M.: Suhrkamp 1960, S. 18.

4 Vgl. etwa Hinrich Hudde: »Getreue Nachbildung« und »Deutsches Denkmal« zugleich. Eine Verlaine-Umdichtung Georges, in: *Castrum Peregrinis* 253–254, Amsterdam 2002, S. 21–27.

5 Thomas Reschke: »Wann ist eine literarische Übersetzung gut?«, in: Schreiben und Übersetzen, hrsg. von Wilhelm Gössmann und Christoph Hollender, Tübingen: G. Narr 1994, S. 191–196, S. 192.

Bibliografische Hinweise

Erstausgaben der Werke

Lyrik: *Poèmes Saturniens* (1866); *Les Amies. Sonnets* (unter dem Pseud. Pablo de Herlagnez, 1868); *Fêtes Galantes* (1869); *La Bonne Chanson* (1870); *Romances sans Paroles* (1874); *Sagesse* (1881); *Jadis et Naguère* (1884); *Amour* (1888); *Parallèlement* (1889); *Dédicaces* (1890); *Femmes* (anonym, 1891); *Choix de Poésies* (1891); *Bonheur* (1891); *Les Uns et les Autres*, comédie en un acte et en vers (1891); *Chansons pour Elle* (1891); *Liturgies Intimes* (1892); *Odes en son Honneur* (1893); *Élégies* (1893); *Dans les Limbes* (1894); *Épigrammes* (1894); *Chair* (1896); *Invectives* (1896); *Œuvres Posthumes* (1903); *Hombres* (1903); *Biblio-Sonnets* (1913); *Œuvres Oubliées* (2 Bände, 1926, 1929); *Œuvres Posthumes* (1929).

Prosa: *Les Poètes Maudits* (1884, 1888); *Les Mémoires d'un Veuf* (1886); *Les Hommes d'Aujourd'hui* (erschien in Faszikeln 1885–1892); *Mes Hôpitaux* (1891); *Mes Prisons* (1893); *Quinze Jours en Hollande* (1893); *Confessions* (1895, 1899); *Voyage en France par un Français* (1907).

Faksimiledrucke: *Sagesse* (1913); *Fêtes Galantes* (1920); *Odes en son Honneur* (1925).

Gesamtausgaben

Œuvres complètes de Paul Verlaine, 5 Bde., Paris: Léon Vanier, 1899 [1900]. – Neuausg. 1911.
Œuvres complètes de Paul Verlaine, 2 Bde., Paris: Club du Meilleur Livre, 1959, 1960. (Kritische Ausgabe von H. de Bouillane de Lacoste und Jacques Borel; Einleitung von Octave Nadal, Kommentar und Anmerkungen von Jacques Borel).
Verlaine, Œuvres poétiques complètes, Paris: NRF, Bibliothèque de la Pléiade, 1992 (EA 1938 von Yves-Gérard Le Dantec; überarbeitete und erweiterte Neuausgabe von Jacques Borel, 1962).[*]
Verlaine, Œuvres en prose complètes, Paris: NRF, Bibliothèque de la Pléiade, 2002 (Kritischer Apparat und Kommentar von Jacques Borel, EA 1972).
Verlaine, Œuvres poétiques, Paris: Classiques Garnier, 1995 (Edition und Kommentar von Jacques Robichez).

[*] Diese Ausgabe liegt der vorliegenden Auswahl zugrunde.

Korrespondenz

Lettres inédites de Verlaine à Cazals, hrsg. von Georges Zayed, Genève 1957.
Paul Verlaine, Lettres inédites à Charles Morice, hrsg. von Georges Zayed, Genève/Paris 1964; Neuausgabe Paris 1969.
Paul Verlaine, Lettres inédites à divers correspondants, hrsg. von Georges Zayed, Genève 1976.

Biografien, Dokumentationen zu Leben und Werk

Adam, Antoine: Le vrai Verlaine. Genève 1936 (Reprint 1972).
Ders.: Verlaine, l'homme et l'œuvre. Paris 1953 u. ö.
Aressy, Lucien: La dernière bohème: Verlaine et son milieu. Paris 1923, 1944.
Bornecque, Jacques-Henry: Verlaine par lui-même. Paris 1966 u. ö.
Buisine, Alain: Paul Verlaine: Histoire d'un corps. Paris 1995.
Carco, Francis: Verlaine, poète maudit. Paris 1939.
Carter, Alfred Edward: Paul Verlaine. A Study in Parallels. Toronto 1969.
Ders.: Paul Verlaine. New York 1971.
Cazals, Frédéric A. und Gustave Le Rouge: Les derniers jours de Paul Verlaine. Paris 1923 (Reprint 1983).
Cellier, Léon: Verlaine et la Commune. Ottawa 1973.
Chadwick, Charles: Verlaine. London 1973.
Clerget, Fernand: Paul Verlaine et ses contemporains. Paris 1897 (Reprint 1980).
Coulon, Marcel: Au cœur de Verlaine et de Rimbaud. Paris 1925 (Reprint 1983).
Ders.: Verlaine, poète saturnien. Paris 1929.
Delahaye, Ernest: Verlaine. Paris 1919, 1923 (Reprint 1982).
Ders.: Documents relatifs à Paul Verlaine. Paris 1919.
Donos, Charles: Verlaine intime. Paris 1898 (Reprint 1983).
d'Eaubonne, Françoise: La Vie passionnée de Verlaine. Paris 1960.
Fontainas, André: Verlaine – Rimbaud: ce qu'on présume de leurs relations, ce qu'on en sait. Paris, 2e éd. 1931.
Ders.: Verlaine Homme de lettres. Paris 1937.
Gobry, Ivan: Verlaine et le destin. Paris 1997.
Hanson, Lawrence und Elizabeth: Verlaine, Prince of Poets. London 1958.
Kunel, Maurice: Verlaine et Rimbaud en Belgique. Liège 1945.
Lantoine, Albert: Paul Verlaine et quelques autres. Paris 1920.
Lehmann, John: Three Literary Friendships. London u. a. 1983.

Lepelletier, Edmond: Paul Verlaine, sa vie, son œuvre. Paris 1907, 1923 (Reprint 1982).

Le Rouge, Gustave: Verlainiens et Décadents. Paris 1928 (Reprint 1983).

Maisongrande, Henri: Verlaine. Paris 1972.

Martino, Pierre: Verlaine. Paris 1924, 1951.

de Martrin-Donos, Charles: Verlaine intime. Paris 1898 (Reprint 1983).

Mondor, Henri: L'Amitié de Verlaine et Mallarmé. Paris 1939, 1959.

Monkiewicz, Bronislawa: Verlaine critique littéraire, Paris 1928 (Reprint 1983).

Morice, Charles: Paul Verlaine. Paris 1888.

Morice, Louis: Verlaine: le drame religieux. Paris 1946.

Mourot, Jean: Verlaine. Nancy 1988.

Nadal, Octave: Paul Verlaine. Paris 1948.

Ders.: Paul Verlaine, essai critique. Paris 1961.

Nicolson, Harold G.: Paul Verlaine. London 1921 (Reprint 1997).

Petitfils, Pierre: Paul Verlaine. Paris 1981, 1994.

Porché, François: Verlaine tel qu'il fut. Paris 1933.

Régamey, Félix: Verlaine dessinateur. Paris 1896 (Reprint 1983).

Richardson, Joanna: Verlaine. London 1971.

Richer, Jean: Paul Verlaine. Paris 1953, 1975 u. ö.

Robichez, Jacques: Verlaine entre Rimbaud et Dieu. Paris 1982.

Séché, Alphonse und Paul Bertaut: Paul Verlaine. Paris 1910.

Seguin, Marc: Ce pauvre Bonheur, la dernière passion humaine de Paul Verlaine. Paris 1958.

Troyat, Henri: Verlaine. Paris 1993.

Underwood, Vernon Philip: Verlaine et l'Angleterre. Paris 1956.

Van Bever, Adolphe: La vie douloureuse de Verlaine. Monaco 1926.

Vanwelkenhuyzen, Gustave: Paul Verlaine en Belgique. Bruxelles 1945.

Verlaine [Ex-Mme Paul Verlaine, i. e. Mathilde Mauté de Fleurville]: Mémoires de ma vie. Paris 1935 (Neuausg. Paris 1992).

Vial, André: Verlaine et les siens. Heures retrouvées. Paris 1975.

White, Ruth: Verlaine et les musiciens. Paris 1992.

Studien zur Dichtung Verlaines und zu seinem literarischen Umfeld

Aguettant, Louis: Verlaine. Paris 1978, 1995.

Barlow, Michel: Verlaine – Poésies. Paris 1984.

Benéteau, André: Étude sur l'inspiration et l'influence de Paul Verlaine. Washington 1930, New York 1969.

Bivort, Olivier (Hrsg.): Verlaine. Mémoire de la critique. Paris 1997.

de Cornulier, Benoît: Théorie du vers. Rimbaud, Verlaine, Mallarmé. Paris 1982.

Cuénot, Claude: Etat présent des études verlainiennes. Paris 1938.

Ders.: Le style de Paul Verlaine. 2 Bde. Paris 1963.

Decaudin, Michel: Les *Poètes maudits* de Paul Verlaine. Paris 1982.

Eigeldinger, Frédéric u. a.: Table de concordances rythmique et syntaxique des poésies de Paul Verlaine. Genève 1985.

Hillery, David: Verlaine: Fixing an Image. Durham 1988.

Kingma-Eijgendaal, Albertine W.: Les plaisirs de la suggestion poétique. Leiden 1983.

Knauth, Karl Alfons: Die poetische Bedeutung der Farbe in Verlaines Lyrik. Bonn 1966.

Malherbe, M.: L'euphonie des *Romances sans paroles* de Paul Verlaine. Amsterdam 1994.

Richard, Jean-Pierre: Poésie et Profondeur. Paris 1955, 1976.

Richard, Noël: À l'aube du symbolisme. Paris 1961.

Ders.: Le Mouvement décadent. Paris 1968.

Rost, Karola: Der impressionistische Stil Verlaines. Münster 1935.

Soulié-Lapeyre, Paule: Le vague et l'aigu dans la perception verlainienne. Nice 1975.

Stephan, Philip: Paul Verlaine and the Decadence 1882–90. Manchester 1974.

Vannier, Gilles: Paul Verlaine ou l'enfance de l'art. Seyssel 1993.

Vogler, Marta: Die schöpferischen Werte der Verlaineschen Lyrik. Zürich 1927.

Weber, Jean-Paul: Genèse de l'œuvre poétique. Paris 1960.

Wild, Ariane: Poetologie und Décadence in der Lyrik Baudelaires, Verlaines, Trakls und Rilkes. Würzburg 2002.

Zayed, Georges: La Formation littéraire de Paul Verlaine. Genève 1962, Paris 1970.

Zimmermann, Eléonore M.: Magies de Verlaine. Étude de l'évolution poétique de Paul Verlaine. Paris 1967 (Reprint 1981).

Kongressbände und Sondernummern von Zeitschriften

Beauverd, J. und J.-H. Bornecque (Hrsg.): La petite musique de Verlaine *(Romances sans Paroles, Sagesse)*. Paris 1982.

Bercot, Martine (Hrsg.): Verlaine 1896–1996. Actes du Colloque International, 6–8 Juin 1996. Paris 1998.

Dufetel, Jacques (Hrsg.): Spiritualité verlainienne. Actes du colloque de Metz, novembre 1996. Paris 1997.

Ecole des Lettres. Spécial Verlaine, études réunies par Steve Murphy, no. 14, juillet 1996.

Europe, nos. 545–546, sept.–oct. 1974.

Gouvard, M.-M. und Steve Murphy (Hrsg.): Verlaine à la loupe. Colloque de Cerisy, juillet 1996. Paris 2000.

Mercure de France, no. 1116. Paris 1956.

Premuda Perosa, Maria Luisa (Hrsg.): Verlaine e gli altri / Verlaine et les autres. Atti del convegno tenuto a Firenze e Pisa nel 1996. Pisa 1999.

Zoppi, Sergio (Hrsg.): Verlaine oggi / Verlaine aujourd'hui. Atti del convegno tenuto a Torino, dicembre 1996. Roma 2000.

Ikonografie

Carré, Jean-Marie: Du côté de Verlaine et de Rimbaud. Cahier de la Bibliothèque Jacques Doucet. 1949.

Petitfils, Pierre: Album Verlaine. Bibliothèque de la Pléiade. Paris 1981.

Ruchon, François: Paul Verlaine, documents iconographiques. Genève 1947.

Van Bever, Ad. und Maurice Monda: Bibliographie et Iconographie de Paul Verlaine. Messein 1926.

Quellen- und Rechteverzeichnis

Alle französischen Originaltexte sind folgender Ausgabe entnommen: *Verlaine, Œuvres poétiques complètes,* Paris: NRF, Bibliothèque de la Pléiade, 1992. Texte établi et annoté par Y.-G. le Dantec, édition révisée, complétée et présentée par Jacques Borel, 1962.

Die Quellen der Übersetzungen sind:

Paul Verlaine: Gedichte französisch – deutsch. Reclam Universalbibliothek Band 368. Leipzig: Reclam 1980.
daraus:
Charleroi (S. 10, Gerhart Haug)
Crimen amoris (S. 36, Martin Hahn)
Dichtkunst (S. 44, Wilhelm Willige) © Eckhart Willige
Der blasse Mond (S. 58, Gerhart Haug)
Der Himmel überm Dache liegt (S. 42, Alfred Wolfenstein)
Der Straßenschänken Laut (S. 60, Franz von Rexroth)
Der Ton des Waldhorns (S. 52 f., Hedwig Lachmann)
Die Abendsuppe (S. 28, Alfred Wolfenstein)
Die Besiegten 1: *Das Leben triumphiert* (S. 60 ff., Wolf von Kalckreuth)
Die Besiegten 2: *Es zittert fern am Horizont ein schwacher Glanz* (S. 62 f., Wolf von Kalckreuth)
Die Hirtenstunde (S. 24 ff., Karl Krolow) © Luzie Krolow
Die Nachtigall (S. 24 ff., Wilhelm Hausenstein)
Die Stunde des Hirten (S. 12, Wolf von Kalckreuth)
Empfindsamer Gang (S. 50 ff., Otto von Taube)
Mit gedämpfter Stimme (S. 35, Ernst Hardt) © Suhrkamp Verlag Frankfurt a. M.
Green (S. 6, Stefan George)
Herbstlied (S. 56 ff., Wilhelm Willige) © Eckhart Willige
Ich wollte, wenn mein Leben noch zu leben wäre (S. 32, Felix Braun) © Tatjana Popović
Kaleidoskop (S. 16, Walter Hasenclever) © Deutsche Schillergesellschaft, Marbach am Neckar
Kaspar Hauser singt: (S. 14, Stefan George)
Mecheln (S. 12, Georg von der Vring) © Langewiesche-Brandt, Ebenhausen bei München
Mein vertrauter Traum (S. 34 ff., Wilhelm Willige) © Eckhart Willige
Müde (S. 10 f., K. L. Ammer)
Nevermore (S. 46 ff., Karl Krolow) © Luzie Krolow
O Morgenstern (S. 64 f. Wilhelm Willige) © Eckhart Willige

154

Seestück (S. 48 ff., Max Rieple) © Angela Rieple-Egender
Sonnenuntergang (S. 50 f., Georg von der Vring) © Langewiesche-
Brandt, Ebenhausen bei München
Spleen (S. 6, Stefan George)
Streets II (S. 54, Wolf von Kalckreuth)
Vergessene Weisen 1: *Dies ist die müde Verzückung* (S. 22, Stefan
George)
Vergessene Weisen 3: *Es weint mein armes Herz* (S. 8, Wolf von
Kalckreuth)
Vergessene Weisen 7: *O grau war mir zumute* (S. 26, Richard Dehmel)
Vergessene Weisen 8: *Ein Leichengewand* (S. 56, Martin Hahn)
Verse, um verflucht zu sein (S. 28, Felix Braun) © Tatjana Popović

Paul Verlaine: Gedichte. Eine Auswahl der besten Übertragungen. Leip-
zig: Insel o. J. (ca. 1930).
daraus:
Auf dem Rasen (S. 12, Klabund)
Auf der Promenade (S. 13, Johannes Schlaf)
Beams (S. 27, Theodor Däubler) © Suhrkamp Verlag, Frankfurt a. M.
Der umgestürzte Amor (S. 15, Paul Wiegler) © Suhrkamp Verlag,
Frankfurt a. M.
Dichtkunst (S. 54, Richard Schaukal) © Suhrkamp Verlag, Frankfurt
a. M.
Die Nachtigall (S. 7, Richard Schaukal) © Suhrkamp Verlag, Frankfurt
a. M.
Die Stimmen (S. 33, Wilhelm von Scholz) © Suhrkamp Verlag, Frank-
furt a. M.
Helle Nacht (S. 20, Richard Dehmel)
Herbstgesang (S. 5, Ernst Hardt) © Suhrkamp Verlag, Frankfurt a. M.
Im Gefängnis (S. 49, Cäsar Flaischlen)
Im grauen Kleid (S. 18, Theodor Däubler) © Suhrkamp Verlag, Frank-
furt a. M.
Serenade (S. 10, Cäsar Flaischlen)
Spleen (S. 26, Fritz Kögel)
Vergessene Weisen 1: Alte Weise (S. 22, Paul Zech) © Suhrkamp Verlag,
Frankfurt a. M.

Paul Verlaine: Ausgewählte Gedichte. Übertragen von Graf Wolf von
Kalckreuth. Leipzig: Insel 1906. Neuausgabe Frankfurt a. M. und Leip-
zig: Insel 1998.
daraus:
Auf irren Pfaden ohne Ende (S. 55)
Caspar Hauser singt: (S. 91)

Die well'gen Höhn des Landes (S. 96)
Frau und Katze (S. 17)
Ich bin das Kaiserreich an seiner letzten Wende (S. 51)
Im Kahn (S. 39)
Mandoline (S. 43)
Pantomime (S. 35)
Streets I (S. 79)

Stefan George: Zeitgenössische Dichter. Übertragungen. Zweiter Teil. Düsseldorf und München: Helmut Küpper, vormals Georg Bondi 1967. daraus:
Amor auf der Erde (S. 15)
Der Faun (S. 14)
Der Laubgang (S. 12)
Die Kindlichen (S. 18)
Gefühlsames Zwiegespräch (S. 16)
Mondenschein (S. 11)
Vergessene Weisen 2: *Ich ahne hinter leisem geraun* (S. 19)
Vergessene Weisen 3: *Es tränet in mein herz* (S. 20)
Vergessene Weisen 4: *Wir müssen – siehst du* (S. 21)
Vergessene Weisen 9: *Die schatten der bäume* (S. 22)
Vermummter guter reiter (S. 27)

Stefan Zweig: Rhythmen. Nachdichtungen ausgewählter Lyrik von Emile Verhaeren, Charles Baudelaire und Paul Verlaine. Frankfurt am Main: S. Fischer 1983. © S. Fischer Verlag Frankfurt a. M. daraus:
Vergessene Weisen 3: Regenlied. (S. 217)

Armer Lelian. Gedichte der Schwermut, der Leidenschaft und der Liebe von Paul Verlaine, übertragen von Alfred Wolfenstein. Berlin: Paul Cassirer 1925
daraus:
Weisheit (S. 60)

Der Verlag hat sich um Lizenzen für den Abdruck aller Texte bemüht. Nicht alle Rechteinhaber konnten ermittelt werden. Berechtigte Ansprüche erfüllen wir gern – bitte wenden Sie sich an uns.

Register der Titel und Gedichtanfänge – Deutsch

Register der Übersetzer